「昭和ニューミュージック」の1980年代

あの人はその頃、
どう生きていたのか

富澤一誠
tomisawa issei

言視舎

Introduction
〝音楽生きざま論〟こそ最強の音楽評論！
――アーティストとガチンコ勝負の80年代

私の音楽評論は、巷では音楽評論と呼ばれるより〝音楽生きざま論〟と呼ばれることのほうが多いようだ。あたっている、と私自身にも思える。なぜかというと、音楽生きざま論は、ニューミュージック評論を始めたときに、私自身が考え出した方法論だからだ。

音楽は、はっきり言って、言葉では語れない。言葉では語れないからこそ音楽ともいえる。だが、それを承知であえて語ろうとする場合、どうしたらいいか？　そう考えたとき、ニューミュージックの特性に私は気がついたのだ。

ニューミュージックはそもそも己れの自己表現だ。何か言いたいことがあるからしゃべるように、何か訴えたいことがあるからこそ詞を書き、曲をつけてうたうのだ。その意味では、人間がまずあって歌がある。歌があって人間があるのでは決してない。だからこそ逆に、聴き手である私たちは、その歌を通してニューミュージック・アーティストの人間性、生き方、考え方などにまで触れることができるのだ。

すなわち――人間があって歌があるのだから、その歌を作り出した人間を語ればいいということになる。いや、いいというより、人間を語るしかないと言ったほうが的確だ。必然的に〝音楽生きざま論〟は生まれたというわけだ。加えて、私の音楽生きざま論は、生きているアーティストの〝生きざま〟と〝音楽〟を鏡にして自分自身の生きざまを描き出すことでもある。そのためには当然ながら、アーティストと裸の付き合いをして、ときにはぶつかり、けなしあい、共に感動しながらひとつの共感を探し出さなければならない。

ニューミュージック評論を始めてから早いものでもう52年という年月が流れた。この52年間に、私が知り合い交遊して来たアーティストはおそらく3千人は下らないだろう。それぞれにさまざまな人生模様があった。

そんな人生模様の中で、私とアーティストがもっとも激しく交錯したのは1980年代だと言っていい。私の音楽生きざま論がアーティストの本音を鋭く引き出した。そこに忖度はなかった。あったのはガチンコの勝負だった。

今、当時の音楽生きざま論を改めて読んでみると、本当に私が書いたの？とびっくりするくらいストレートでリアリティーを感じる。紛れもなく、ここには私の音楽評論の原点がある。とにかく評論の元の〝マグマ〟が熱いのだ。

その頃、私は「拳で語ったことがあるか！」とアピールしていた。なぜか？　こんなふうに思っていたからだ。〈日本に音楽ジャーナリズムは存在するのだろうか？　ビッグ・アーティストに本音でものを言い、書ける人間がいなすぎる。本音で言い、書かずして、何のジャーナリズムだろうか？

批判精神を放棄したところに音楽ジャーナリズムなどありえない。だから、私がそれを確立しようと思う。〉

音楽専門誌「新譜ジャーナル（後にシンプジャーナル）」を拠点に〝音楽生きざま論〟で論陣を張った私。１９８０年代が「最強の音楽評論」だったかもしれない。この目で見、この耳で聴き、そしてこの心で感じたことを、ニューミュージックの従軍記者としてレポートし続けることが私の使命だと思っていた１９８０年代。そこには確かに〈昭和ニューミュージック〉という「神歌」があったのだ。

目次

86年

87年

因幡晃

精神的にピュアになってます

「あのー、因幡晃さんですか？」

因幡晃が渋谷の街を歩いていたとき、女性が話しかけてきた。

（サインかな。まずいな）

と思いながらも、因幡は
「そうです」

と、答えていた。

「やっぱり。因幡さんですね。ところで、因幡さんはもうコンサートをやっていないんですか」

「いや、やっていますよ」

「いつ、あるんですか」

「今日です」

「えっ？　場所はどこでしょうか？」

「これから渋谷公会堂でコンサートをやるところです」

そう言ってから、因幡は女性を見つめた。どんな反応が返ってくるかと内心期待していると……。

「そうですか。あんな大きな会場でまだコンサートができるんですね」

女性は真面目な表情でつぶやいた。予想外の答えに、因幡は「がっかりした」と言う。それはそうだ。

ファンだと名乗る女性から「まだあんな大きな会場でコンサートができるんですね」と言われて、失望しないアーティストはおそらくいないだろう。

因幡にとって予想外の答えだったが、それが因幡の現実を鋭くついているところに笑えないペーソスがある。

バイオリズムが合わなかった3年間

今でこそ叙情派フォークの王様と言えば、松山千春、さだまさしということにすぐなるが、それまでは因幡が抒情派フォークのプリンスと言われ、井上陽水、かぐや姫 など当時の王様の後継者と目されていた。今から4、5年前のことで、その頃の因幡の活躍には目を見張るものがあった。デビュー曲「わかってください」がいきなり大ヒット。その後も「別涙」「思いで」「都忘れ」と次々にヒットが出て、アルバムも4枚で都合150万枚を超えるレコード・セールスを記録した。

本来なら、そのままいって今頃は、陽水、南こうせつ、小椋佳などとともに〝抒情派フォークの大御所〟的存在になっていてもおかしくはなかった。

しかし、現実は——。

どこかで歯車が狂ってしまったのだろう。

結果的に、昭和53年11月にディスコメイト・レコードからEPIC・ソニーに移籍したことが、因幡にとってはプラスには働かなかったようだ。EPIC・ソニーへの移籍は、必然的というより〝手段〟だった。というのは、それまでの所属事務所を辞めるためには、契約問題上、移籍をするしかなかったからだ。それに伴って、因幡は大きな代償を払うことになる。専属契約問題のために、1年間はレコードを出せないようになってしまったのだ。それでもあえて、より自由な環境で音楽活動をしたいがために因幡は移籍を決行した。それだけにEPIC・ソニーから54年1月に移籍第1弾シングル「如月湖」を出したときは燃えていた。

「再起とかカムバックとか言われるんですが、ぼくにはそういう意識はあまりないんですよ。確かにこの1年間は、いつレコードが出せるのかわからなかったんですが、不思議なくらい焦りはなかったですね。もともとぼくは楽観的ですし……。でもそんななかで常に思っていたことは、いい歌を作りたいということです。今度の新曲「如月湖」は今年の2月に十和田湖に行った時できた曲ですが、この曲が完成したとき、ぼくにはまだこういった叙情的な歌が作れるんだとうれしくなりました。アマチュアからプロになって「わかって下さい」がすぐヒットしたから、ぼくには下積みの苦労がないんです。その意味では、この1年間は有意義でした」

当時、因幡はそんなふうに心境を語っていたが、さわやかさこそあれ、変な気負いが見られなかったことが、とても印象的だった。ふつう1年間もブランクを作ってしまうと、本人は例外なく焦りを感じてしまうものだが、因幡にはそれがなかった。

「レコードは出せなくても、コンサートだけは全国各地で続けていたんです。レコードも出していないという最悪の状態の中で、どの会場もほぼ満員でした。そのとき、以前ぼくに拍手を送ってくれたお客さんが、また来てくれたんだなと思い、励まされましたね。正直言って、よし頑張ろうと思いました」

因幡の歌が人々の心の中で予想以上に大きな比重を占めていたあらわれだろう。因幡の歌には、1年間のブランクを突き破る力があったのだ。

こうして、EPIC・ソニーをベースにして因幡はマイ・ペースの活動を続けるはずだった。だが、レコードを出すたびに、セールス的には翳りを見せ始めた。移籍してから現在までの3年間にEPIC・ソニーで出したレコードは、アルバムが4枚、シングルが6枚あるが、全盛期の3分の1にも達していないのが現実である。

と同時に、抒情派フォークのプリンスという因幡のイメージも、今ではすっかり色あせてしまった。昔のイメージが強烈だっただけに「どうして?」という疑問が自然と湧いてくる。

「今回、EPIC・ソニーからVAP・レコードに移ったのは、結局は売れなかったからですが、原因はレコード会社とオレのバイオリズムが合わないとかいろいろ問題はあったわけです。そうですね。この3年間、何をやってもギクシャクしていましたね。カネボウ化粧品のCMなんかもあったんですが、もう一歩かみ合わなくてダメでした。あのときは、カネボウのCMだったら絶対にヒットするというんで、出たくもないテレビにまで出て頑張ったけど、売れなかった。結局、ぼくが作品を提供しても聞き手にまでうまく伝わらなかったということです。宣伝もあまりしてくれなかったし……。そんなことがあったので、もっとバイオリズムの合うレコード会社に移ろうかと思っていたときにふって湧いたように東宝映画「飛鳥へ、そしてまだ見ぬ子へ」の主題歌をやるという話が飛び込んできたり、テレビドラマの主題歌も飛び込んできたんです。これはチャンスだから、やってみようと思ったんです。今までの3年間は　バイオリズムから言うと最低だった。でも、これからの3年間は最高じゃないかと思っています。

因幡自身が言っているように、アーティストとレコード会社の歯車がかみ合っていないときは、何をやってもうまくはいかないものだ。

年間100本のコンサートから得たものは……

かと言って、EPIC・ソニー時代の3年間はマイナス面ばかりだったかというとそうではない。プラス面もあった。それは作品作りに関しては納得のいくものができたということと、年間100本を超えるコンサートをこなし続けたことで、自己修練できたからだ。

「レコーディングは楽しくやりましたよ。『青春の翳り』ではロサンゼルスでレコーディングしたし……その時思ったことは、むこうのミュージシャンの上手さ、と同時に3連のマイナーはダメだという短所……むこうに行ってみて、改めて日本人の感性、強いて言えばオレ自身の感性が確認できた気がした。また最後のアルバム『哀帰』なんかでは、アレンジまで自分の好きなようにやりましたからね。だから、作品的にスランプだったってことはないですね」

ロス録音をしたり、アレンジまで考えることによって、因幡はそれまでプロデューサーに任せきりだったレコーディングのノウハウを身につけることができた。これはプラスだったが、それに輪をかけたのがコンサートだった。

「コンサートはぐしょぐしょになってやってきた。とにかく、スタッフにもまれ、ミュージシャンにもまれたのが良かったと思います。曲作り、アルバム作りは、年1枚のペースで出していますから、だいたい年1回しかまさぐることはないんですが、コンサートは年間100本以上やっていますから、その意味では毎日が勝負ですね。サウンドのチェックをしていると自然とアレンジまで気になってくるし、あと、しゃべり方、構成なども考えざるを得なくなってくる。かつて、オレのコンサートを見た人は、気持ち悪いと批判した人が多かった。確かにそうだと思う。今、あの頃のコンサートのテープを聞くと、オレは何をやっていたんだろうと思う。しゃべりは文章を読んでいる感じだし、やたら女っぽいと言うか中性っぽいというか……。でも、それももまれるなかでやっと吹っ切れましたね。今、オレのコンサートを見てもらえばわかるけど、昔のような暗さはもうないですよ。しゃべり方も地のままだし、〝ぼく〟じゃなく自然と〝オレ〟と言えるし、まあ、良くなったんじゃないですか?」

もがき苦しみ抜いた3年間だったが、この3年間で、因幡は精神的にかなり強くなったようだ。精神的に強くなったぶん、生きざまも強烈になってきた。

「『わかって下さい』がヒットしてからコンサートを始めたんで、どこでコンサートを開いても超満員の状態が当たり前だった。オレはいきなりプロになって『わかって下さい』で売れてしまったから、コンサートに人が集まらないという状態がわからなかったのだから、超満員の客を見ても驚きはしなかった。それが当たり前と思っていた。ところが、今は地方に行くと、客があまり入らないところもあるわけですよ。みんな前にいらっしゃいなんか言ってうたい始めたりして、そんな時は淋しいですね。でも、逆にやってやるぞという気持ちにもなる。正直言って、今はまた1曲当てて、客をたくさん集めてやるぞという心境ですね」

人前で、そう言い切れる因幡、今度は自力で新しい道をおそらく切り開いてくれるに違いない。

新曲「そして愛……」(映画のテーマ。ニュー・アルバム『私にはあなたがある』は2月25日発売)を聞いたかぎりでは、また元の鋭い感性が戻ってきているようだ。一時期、テクニックに走り、サウンド思考になったぶん、因幡らしいみずみずしい抒情性がなくなっていたが、3年間の暗くて長いトンネルを抜けて、精神的にピュアになったことで自分の原点を確認し、自分らしさを取り戻すことができたと言える。

「絶対やる」——因幡自身の内からの盛り上がりが、必ずや良い結果を生み出すことだろう。忘れかけられた大物・因幡晃は、どっこい、したたかに生きている。

海援隊

ぼくたち3人にとって幸福な10年でした

波瀾万丈海援隊の生涯

その日のコンサートにはほとんど客が集まらなかった。

先細りしていく状況の中で海援隊は与えられたスケジュールをひたすら消化していた。

東京へ帰る汽車の時間待ちで立ち寄った駅前の喫茶店で、武田鉄矢、中牟田俊男、千葉和臣はひたすら沈黙していた。話をするほどのエネルギーを3人ともなくしていた。状況は確実にそれはど悪化していたのだ。

沈黙を破るかのように、荒井由実の「あの日にかえりたい」。小椋佳の「シクラメンのかほり」が喫茶店のBGMから交互に流れてきた。

「オレたちの時代は終わった」

鉄矢は、つぶやいた。

中牟田、千葉もうつろな目をするだけだった。

ユーミン、小椋桂の歌を聞きながら、鉄矢は複雑な思いでいっぱいだった。

（かぐや姫の『神田川』、ウィークエンドの『岬めぐり』はまだわかる。ああいう歌はぼくらにも作れる可能性はある。しかしユーミンの生活感のないポップス、小椋佳の生活臭のないフォーク……あれはぼくらの感性ではできない。今、ユーミン、小椋佳がブームを巻き起こしているのは取りも直さず時代が彼らを欲しているということだ。ということは、時代がぼくらを見捨てたということでもある）

鉄矢はそう思うと、絶望感でいっぱいだった。

それを裏付けるかのように海援隊の人気に急激な翳りが見え始め、それに伴って仕事のほうも〝キャバレーまわり〟などニューミュージックのアーティストとしては信じられないようなものばかりが多くなってきた。

そんなある日のこと、表参道を歩いていたときに、鉄矢はこうせつに会った。

「キャバレーをまわってるんだって。そんなことしちゃダメだよ。もっと自分を大切にしなくちゃ」

こうせつにそう言われて、鉄矢は〝奈落〟の底へまっさかさまに落ちていく自分を感じないわけにはいかなかった。

（海援隊はもうダメかもしれない）

鉄矢は焦りと不安でいっぱいだった。いや、鉄矢ばかりではない。中牟田も千葉も不安でいっぱいだった。もしもそのとき、3人の中の誰かひとりが「故郷へ帰ろうよ」と言ったら、みんなが帰郷してしまったかもしれない。それほど3人は追いつめられていた。

海援隊は解散の危機に瀕していた。

昭和51年のことだった。

その3年ほど前の48年夏のこと。海援隊は彼らのプロデューサーに呼ばれておどかされたことがあった。

「お前ら、レコードの売り上げがあまりに悪すぎる。今うちの会社は減量経営になりつつある。そんな時期だから、今度売れないとお前ら、田舎へ帰ってもらうことになるぞ」

47年10月にアルバム『海援隊がゆく』で〝博多の大物フォーク・グループ〟として鳴り物入りでデビューした海援隊ではあったが、予期に反してレコードはさっぱり売れなかった。当時、ピピ&コットという同僚グループがいた。彼らは〝売れない〟という理由で解散させられたばかりだった。

（今度はぼくらの番だ）

プロデューサーの一言が鉄矢の心にグサリと突き刺さった。

（なんとかしなければ……）

それからは毎日のように3人で議論をして、生き抜くために〝売れる歌〟を模索した。

そんなある日のこと、テレビ西日本の主催で福岡・天神の福岡スポーツ・センターで〈ハリス・フォーク・ソング・フェスティバル〉が開かれ、海援隊はチューリップ、井上陽水、かぐや姫、泉谷しげる、杉田二郎、加川良、西岡たかしなどと出演した。一番売れていなかった海援隊の出番はトップだった。

「海援隊引っ込め！　チューリップを出せ！」

うたい始めると間もなく、そんなヤジが飛んできた。

鉄矢はくやしさと情けなさとでいっぱいだった。

（なんだこれは……。これが故郷か。1年前にぼくらが上京するときに、あれだけあたたかい声援を送ってくれた故郷はいったいどこに行ってしまったんだ）

鉄矢は故郷のひょう変ぶりにとまどいながらも、故郷を激しく憎んだ。3曲目、最後の〝切り札〟としてとっておいた絶対笑ってくれるだろうと思われた「母に捧げるバラード」をうたおうと決意する。

「お母さん、今ぼくは思っています。ぼくには故郷なんかなくなってしまったんじゃないか。そして、ひとつ残っている故郷があるとすれば、お母さん、それはあなた自身です」

そうセリフを言いながら、鉄矢は涙を流した。その涙はひょう変してしまった故郷に対する訣別の涙だった。

ところが、運命とはおかしなもので、故郷への決別の意味でうたった歌が、博多弁が面白いということで49年初頭から春先にかけて大ヒットしてしまう。

この歌の大ヒットで海援隊は生き残れたばかりか、49年の大晦日にはNHKテレビ「紅白歌合戦」にも出場してしまう。

人生で初めてあびたスポット・ライトに鉄矢は浮かれていた。だが、それも長くは続かなかった。NHKテレビ「紅白歌合戦」出場の〝勲章〟も翌50年の秋頃からはなんの意味も持たなくなってしまった。さらに悪いときには悪いことが重なるもので、海援隊自身が〝ブーム〟の潮が引いてクールになったとき、コミック・ソング「母に捧げるバラード」で脚光をあびてしまった自分自身に疑問を感じてしまっていたのだ。

（上京してプロになるとき、ぼくたちは岡林信康や吉田拓郎のように、存在そのものが若者たちにアピールするようなグループをめざしていた。それがどうだ。今はコミック・バンドじゃないか。これじゃいかん。やっぱりきちんとした歌をうたわなければ）

そう思った鉄矢は「荒野より」などの硬派な歌を書き始める。それに反比例するかのように、人気はなくなりコンサートのチケットの売れ行きも急激に落ちこんでいった。

そんな先細りの状況の中で、鉄矢はすねてひねて、イライラのし通しだった。

心ひとすじ打ち込めるそんな時代は来ないのですか？

心のままにうたえる歌は世間の隅に落ちていないのですか？

「夜明け前の唄」は、当時の鉄矢の心の絶叫だった。海援隊はいつ解散してもおかしくはない状態だった。しかし3人は誰ひとりとして「辞める」と口には出さなかった。

もうダメだと思うことはあったに違いない。だが、結局やり続けられたのは3人ともくやしさだけは共有できたからだろう。

(このまま、おめおめと故郷に帰れるものか)

鉄矢は腹の底からそう思っていた。

(だとしたら、ここはもうやるしかない。コミック・ソングだっていいじゃないか。今はとにかく生き続けることが肝心だ。コミックでもなんでも、ここで死んでしまうよりはましだ)

現実のきびしさが鉄矢を奮い起こした。こうして52年1月に「あんたが大将」が発売され久しぶりのヒット曲になった。ちょうど「あんたが大将」が話題になっているそんな頃、52年の春に山田洋次監督から松竹映画「幸福の黄色いハンカチ」の出演依頼があった。まさに青天のヘキレキだったが、鉄矢はその映画で特異なキャラクターを発揮し、日本アカデミー賞助演男優賞などいくつかの新人賞を受賞して役者としてのパスポートを手に入れる。それに伴い鉄矢人気は急上昇し、そして54年10月から56年3月にかけてオンエアされたTBS系テレビ・ドラマ「3年B組金八先生」の金八先生役で一大ブームを巻き起こしてしまう。同時に金八先生の主題歌「贈る言葉」を海援隊がうたって大ヒットし、56年3月中旬から4月中旬にかけて連続4週ヒットチャートのトップを独走する。

この10年間を誇りに思う

解散の危機に瀕していた海援隊は「贈る言葉」の大ヒットで完全に立ち直った。

あれから2年の年月が流れた。今の海援隊ははために順風満帆のように見える。4月1日に発売されたばかりのニュー・アルバム『ようやく解りかけてきた』の評判もすこぶる良い。トゲトゲしい歌が今の世の中を鋭く突いていると〝解散〟を惜しむ声が圧倒的に強い。

だが、そんな声に「ありがとう」と感謝しながらも、鉄矢はきっぱりと言い切る。

「時代がぼくらを必要としていると言ってもらえるのは身に余る光栄ですが、今はとにかく好きなようにさせて下さい。正直に言って、ぼくらはデビューした頃から歌の在庫がないグループだったんです。この10年間、常に食うために、生き抜くために歌を見つめてきましたが、今は、そんな歌を少しばかり距離を置いて見つめたいんです。そうしないと、もうふんばりがきかないようで……。これは食えるようになった余裕かもしれないけど、もう1度やるためには、どうしても、歌と距離をとって、うたうという〝原点〟を再発見したいんです」

海援隊はニューミュージック史において、吉田拓郎、井上陽水、南こうせつ、アリス、オフコースほど比重は重くはない。しかし、ひたすら頑張り、食うために、生き抜くために歌を作り続けてきた〝生きざま〟は半端ではない。拓郎、陽水を音楽青年のエリートとするなら、海援隊は〝落ちこぼれ〟だ。その落ちこぼれが、今、惜しまれながら解散しようとしている。

「お前たちなんか必要ない。適当にその辺で生きていろと言われ続けてきたけど、ぼくたち3人にとっては分相応の10年間で幸福だったたと思います」

解散にまつわるインタビューの中で鉄矢はきまってそう答える。そんなとき、中牟田も千葉も素直に相づちを打つ。

相づちを打ちながらも、彼らは海援隊でやってきた10年間を誇りに思うのだった。

(フォークでもロックでもない。フォークとロックの境界線に立てるようなソロ・シンガーになろう)

(サウンドと歌のバランスのとれたソロ・シンガーになりたい)

(うたう俳優にだけはなりたくない。歌にもっと本気で取り組みたい)

中牟田、千葉、鉄矢の将来に対する展望は微妙に異なってはいるが、プロになるために初めて上京したときのようなさわやかな思いが、3人の心の中には春風のように吹いている。

NSP

10年間の想いを今、静かに解き放て！

熱い想いは届かなかった

2年ほど前、NSPは燃えに燃えていた。

天野滋は口角あわを飛ばして力説したものだ。

「ぼくらはアルバムを作ってコンサートをする。できるだけたくさんの人にアルバムを聞いて欲しいし、コンサートにも来てもらいたい。そのためには、ヒットも出さなければならない。もうそろそろと思うのが、なぜか前のヒットが出て1年半か2年ぐらい経ったときですね。「夕暮れ時はさびしそう」がヒットして2年ほどたったときに「赤い糸の伝説」が出て、それから2年して「八十八夜」、となれば、それから2年……だから今、新曲「見上げれば雲か」をヒットさせたい。タイミング的にもそろそろだし、ぜひともヒットさせたいですね」

そんな天野の話に中村貴之も平賀和人もしきりにうなずいていた。

ちょうどその頃、オフコースが「さよなら」の大ヒットを飛ばしてクローズ・アップされ始めていた。オフコースはレコードデビューしてから10年目に花開いたということで、そこが話題となり、先行していたアリスも7年目に売れたということも手伝って、アリス、オフコースの後に続くベテラン・グループは誰かということが音楽ジャーナリズムの標的となった。数年間やり続けていて、しかも根強い人気があって、いつ大当たりしても不思議ではない。そんな条件を満たすグループは当時、チューリップ、ふきのとう、それにNSPしかいなかった。当然のことながらポスト・アリス、オフコースはNSPだ、という声が次第に高くなる。

そんな声援を彼らが意識したとしてもなんら不思議はない。

「とにかく『見上げれば雲か』には全力を注ぎこみたいと思っている。3人とも燃えているし、こんなことはそうざらにないことですからね」

いつもは淡々と語る天野が珍しく熱い口調だったことがやけに印象的に、そのときは思えた。気負いすぎてはいないだろうか? ふとそう思ったりもしたものだ。

「見上げれば雲か」は、しかしながら、結果的には売れなかった。

そうこうしているうちに、その年（1980年）の11月に『天中平』というユニークなタイトルのついたアルバムが発売された。きわめてバンドっぽい雰囲気を持ったアルバムだったが、少しばかり趣味的になりすぎているかなと思えた。

それから1年間ほど彼らの動向はさほど気にならなかった。いや。正確に言うなら、気にならないというより、こちらの注意をひかせるようなことを彼らはやらなかったということだろう。シングルは2枚ほど出してはいたが、できはいまひとつのように思えた。

だから、ぼくのほうから彼らに接触することもなく、あっという間に1年間が過ぎてしまった。

心のままに……

そんなときに、届けられたのがアルバム『ザ・ウインズ・ソング』（81年11月発売）だった。このアルバムを聞いたとき、ぼくは語るべき言葉を持たなかった。というのは彼らにしてはあまりにもポップで

〝抒情派〟という彼らのイメージを大きくぶち破っていたからだ。こんなポップになっていいのだろうか、とふと心配になったほどだ。

そんな伏線があったのと、今年の6月にデビュー10年目に突入するというニュースを聞いたので、ぜひとも彼らに会ってみようと思った。

まず、聞きたかったのは『ザ・ウインズ・ソング』で、どうして変わったのか?ということだった。

天野は慎重に言葉を選びながら話してくれた。

「実は『ザ・ウインズ・ソング』からプロデュースを他の人に任せたんです。それまでは、ぼくらがプロデューサーで萩原暁さんがディレクターだったんですが、『ザ・ウインズ・ソング』からはヤマハの日朝幸雄さんがプロデューサーで、ぼくらはたんなるアーテイストになったんです。『ザ・ウインズ、ソング』の前のアルバム『天中平』は、ぼくらが好き勝手に作ったものです。ぼくが中心となって、みんなでアレンジまでして、合宿しながらレコーディングしました。そのおかげできわめてバンドっぽい雰囲気に仕上がりました。まあ、いうなら、ディレクターもぼくたちも友だち同士で家族的に作っていたということでしょう。それはそれで良かったんですが、そのかわり、ちょっと甘いところもあったし、歯止めがきかないところもあった。そんなことが気になり出したから自分自身をもう一度冷静にながめてみたいと思って、プロデュースを日朝さんに任せたんです」

日朝プロデューサーと彼らはミーティングをたび重ねていくなかで、ポップな曲を打ち出そうということを確認する。後らは日朝プロデューサーとぶつかりあうなかで、自分自身の姿、形をしっかりと確認し始める。

『ザ・ウインズ・ソング』の評価は賛否両論の真っ二つに分かれた。

それでも彼らは、自信と確信を持っていたので、秋のコンサート・ツアーはあえて『ザ・ウインズ・

ソング』からの新曲で押し通した。

「初めのうちお客さんはとまどっているようでしたけど、ぼくら自身、気に入っていましたから、あえて新曲で押し通しましたね」

中村はそんなふうに語っているが、彼らがそれまでのイメージを振り払ってまでポップス指向を打ち出した背後には、どんな訳があったのだろうか。彼らほどのベテラン・グループが、なんの勝算もないのに、急にイメージ・チェンジ（？）をするわけはない。

「2年ほど前、オフコースが売れて、次は誰だということになって、まわりから次はNSPだ、なんて言われるわけじゃない。すると自然に肩に力が入っちゃうんだよね。そんなふうに言われれば気分は悪くないし、気がつかないうちに、自分もついその気になってしまっている。だから、シシグルを作るというと、こうしたら売れ線だなんて考えたりしてね。でも、結果的に、それが良くなかったみたい。だって、自分のフォームを力むことで崩してしまうわけですからね。そのことに気がついたとき、もうまわりのことに気をとられるのはやめようと思った。それより、自分が演奏していて気持ちいい曲をやろうと思った。狙って売れればいいけど、それはわからない。だとしたら、自分の納得できる曲をやったほうがいいじゃない」

天野が一気にしゃべり終えたとき、ぼくは彼らはこの2年間で精神的に大きく成長したなと思った。

思うがまま憤怒の河を渡れ！

だいたい人間というものは、力んで成功することはまずない。力むあまりに自分の本来のフォームを崩してしまい、実力を出し切れないからだ。力みはやがてスランプを呼び、スランプはひどくなると自信喪失の誘い水となる。そうなる前に、彼らは自力で自分が進むべき道を発見した。そのことは、きわめて良いことだと言える。

しかしながら、これはずっと前から指摘している懸念だが、それでもなお、彼らには彼らならではの〝見せ場〟がないという事実だ。

4年ほど前、ぼくは本誌で〈NSPにはワンマンはいない。したがってグループを代表する〝顔〟はない。グループの中に〝スター〟もいない。そのことが売れているわりには〝ハデさ〟を感じさせない原因だろう。だが逆に、だからこそ、コンビネーションの良さを保って長く維持できるとも言える。ひいてはそのことがNSPの魅力となっている〉と書いた。

今でもそう思っている。なんとなくぼんやりしていることがNSPならではの魅力だが、たまにはファイン・プレイも見せてもらえないとギャラリーとしては退屈してしまう。

「見せ場が欲しい——確かにそうかもしれないけど、ぼくらの場合、そういう雰囲気のバンドじゃないですからね。たとえば、アルバムを作るとき、あるテーマを決めて、それにあわせた曲を作ってトータルなイメージを出すということではなく、あくまでいい作品を集めてそれで作るというほうですからね。したがって、これだ!という強烈なイメージを出すのには、はなはだ不向きなんですよ」と天野。

天野の言うことにも一理はある。そのことを集約すると、平賀の次のような話になることもうなずける。

「確かにNSPのイメージはぼんやりしていると思いますよ。にぶい曲の集まりですしね。自然とボヤッとしたイメージになってしまう。しかしそうやって積み重ねていけば、NSPのイメージが自然と生まれて来るんじゃないですかね」

10年目を迎えて、NSPは精神的に盛り上がっている。デビューしてちょうど10年の6月24、25日に中野サンプラザホールでコンサートを開くし、また、ニュー・アルバムも発売する。それに先立って、待望の新曲「めぐり逢いはすべてを越えて」が発売された。これは東北新幹線やまびこのイメージ・ソングだ。

「ポスト・アリス、オフコースはわかっている。もううるさいという感じですね。わかっているから、黙っててくれ。そんな気がする。とにかく、ぼくらはぼくらでやれることしかできないんだし、それをやるしかない。今はそんな開き直った気持ちです」

温厚な天野がそう断言したとき、これは期待できる、と思った。周囲がどう騒ごうと、どんなに声援を送ろうと、実際にやるのは彼ら自身だ。その彼らが、自分のポリシーを明確に確立し、やる気を出しているのだから、これ以上のことはない。NSPよ。思うがまま憤怒の河を渡れ！

谷村新司

ひとつの頂を極めた今、次なる峰をめざして

7カ月間の空白の意味は？

功成り名を遂げた人物が、〝その後〟に何をするのか？は、きわめて興味深いことだ。

アリスが後楽園スタジアムの〈アリス・ファイナル・コンサート〉で5万人の大聴衆の熱い声援を受けて姿を消したのは昨年の11月7日の出来事だった。その時点において、谷村新司、堀内孝雄はソロシンガーに、矢沢透はニュー・バンドを結成して再スタートを切るということは決定していた。その青写真にそって、今年になって矢沢がまず〝ブレンド〟というロック・バンドを結成してデビュー、後を追うようにして堀内がソロ・シンガーとしてデビュー。だが、谷村だけは、いつ再スタートを切るのか、はっきりしなかった。そうこうしているうちに、レコーディングを始めたというニュースが伝わり、正式に6月5日にアルバム『JADE』、シングル「スーパースター」でソロ・シンガーとしてデビューするというニュースがもたらされた。

そのとき、ぼくは思ったものだ。アリスが〝一時活動停止〟を決めてから、再始動するまでの7カ月間——この〝空白の7カ月間〟は谷村にとって、どんな意味があったのだろうかと。常識的に考えた場合、アリスからソロ・シンガーへの移行はできるだけ早いほうがいい。熱い声援が残っているうちに再スタートを切れば、それだけ状況も切り拓けるからだ。

だが、谷村はあえてそうはしないで、7カ月間という冷却期間を作った。何のためにそうしたのだろうか？

ぼくのそんな疑問に、谷村はいつものように冷静に答えてくれた。

「すぐには動き出せないと思っていました。だから、事務所にも、とにかく半年間の時間をくれと言いました。アリスがああいう形で終わって、すぐに再スタートを切ってしまうと、一番アリスの雰囲気を引きずってしまうでしょう。その場合、イメージが違っていたらアリスのときはああだったけど、ソロはこうなんだと、切り返さなければならない。オレはそうしたくなかった。あれもオレだし、これもオレだと思っていましたからね。それと最も大きかったのは、父親をきちんとやりたかったということです。音楽なんていつでもできると思っていましたからね。それまでは、仕事がすべてに優先で、仕事を軸に家庭がまわっていました。でも、子どもからすればそんなことは関係のないことです。こっちはこっちで、体調のいいときだけ可愛いがろうとする。しかし、ちゃんと読まれていて、子どもは来ませんよ。だからこそ、一度は子どもの都合に合わせてやろうと思ったんです。朝起きて、デパートに行きたいと言えば、よし行こうと言って、乗物に乗って遊んだり、焼きソバを食べたり、別に大したことはないんですが……そうして話し合うんです。今日、お父さんは仕事で行かなければならない、でも、何時頃には帰れるだろうと。そうすれば、子どもは子どもなりに納得してくれます。ちょうどその頃、子どもが情緒不安定になりかけていたんです。父親は家にいないものだと思い込んでいて……そんなこともあったりして、この半年間は大きな意味がありましたね」

今、全てを新鮮に受けとめられる

谷村が子どもと一緒に遊んでいる姿は、ステージからは想像もつかないが、半年間、歌から離れた生活をすることによって、歌に対する考え方も必然的に変わったようだ。

「歌が自分のすべてじゃない、と思うようになりましたね。歌は自分の一部だとはっきりと言えます、今は。これまでは、父親をやっても、テニスをやっても、シンガーが父親の役をやっている、テニス・プレイヤーの役をこなしているという感じでしたが、今は父親のときはただの父親だし、テニス・プレイヤーのときはただのテニス・プレイヤーだし、シンガーのときはただのシンガーという感じです。歌をそんなふうにわりと簡単にとらえられるようになりました」

　そう谷村は語ったが、ちがった見方をすれば、谷村は歌をあまりにも軽く考えすぎてはいないかということにもなるが、決してそういうことではない。逆に、歌に対して、いつも新鮮な気持ちでいたいというあらわれである。

「この間、2週間程、家族とバンコクを旅行したんです。そういうときは、音楽からまるで離れた生活をするんですが、タクシーに乗ったときに、たまたまアメリカのシンガーだと思うんですが、歌が流れてきたんです。すると、コードが難しくないのに、Amがものすごく光り輝いて新鮮に感じられたんです。そういう感覚を大切にしたいと思いましたね。たとえば、リンゴを食べるとき、新鮮だと感じられるような体調をいつも作っておきたいということです」

　谷村の言うことにこそ、歌の原点はあるとぼくは思っている。

　ほんの3カ月ほど前に、武田鉄矢も同じようなニュアンスのことを言っていた。

「この10年間、常に食うために、生き抜くためにだけ歌を見つめてきましたが、今は、そんな歌を少しばかり距離を置いて見つめたいんです。そうしないと、もうふんばりがきかないようで……。これは食えるようになった余裕かもしれないけど、もう一度やるためには、どうしても、歌と距離をとって、うたという〝原点〟を再発見したいんです」

半年間、歌から離れた生活をすることによって、谷村はきっと歌を新鮮にとらえられる体調を取り戻したはずだ。

そのことは、ニュー・アルバム『JADE』が如実に物語っている。

歌に対する方法も方向も変わった

谷村はこれまでに『蜩』『海猫』『引き潮』『黒い鷲』『喝采』『昴』『海を渡る蝶』『JADE』と8枚のソロ・アルバムを出している。ポリスターに移籍して作った『昴』『海を渡る蝶』と今度の『JADE』では味わいがはっきりと違っているようだ。

その辺の違いを美術品を使って谷村は説明する。

『昴』と『海を渡る蝶』の2枚のアルバムでは、美術品的な壺を作るように色あいを出して楽しんでいたと思うんです。ところが『JADE』では、茶わんというか湯飲みというか、そんなもっと身近なものを作っている。いうなら、前の2枚のアルバムはひとつの山の頂きをめざしてひたすら登っているという感じでしたけど、ある程度、山の形も見えて納得できたので、次にむかっているということです」

アルバムの方向性も変わってきたが、歌に対する接し方も歴然と変化しつつあるようだ。これまで谷村は、アリスの場合だが、聞く対象を意識して、お客さんが喜んでくれるもので自分たちも楽しめる歌作りをしてきたが、『JADE』からは、自分が楽しめるものでお客さんも喜んでくれるものと微妙に変わってきているという。よりピュアになったということだが、これは口で言うは易しいが、実行することは難しいことだ。そう変われたということは、人間として確実にひとまわり大きくなったということだろう。

とは言っても、アリスの歌しか聞いたことのない人は『JADE』を聞いたとき、谷村はすっかり変わってしまった！と思うだろう。それほどアリスと『ＪＡＤＥ』のイメージには落差があるからだ。

その辺を谷村もわかってはいるが、気にはとめていない。谷村には谷村の確固たるポリシーがあるからだ。

「ソロ・アルバムを聞いたことのない人はきっと『ＪＡＤＥ』を聞いたら谷村は変わってしまったと思うかもしれませんね。でも、アリスの谷村もオレだし、『ＪＡＤＥ』の谷村もオレなんです。オレは血液型がＡＢ型で典型的な二重人格ですからね。武道館でやりたいし、ライヴハウスでもやりたいんです。両方やりたいと思っても不思議じゃないと思います。アリスの音楽はあれは３人だからできたんであって、ソロになって、ああいうふうにやれって言われても、それは無理です。ふたりいないわけですから。だとしたら、ひとりでしかできないものをやるしかないですからね」

スタンダード・ナンバーを作る！

今度のアルバム『ＪＡＤＥ』、これは彼のこれまでのアルバムを聴いていると必然的にできあがってきたものと思われる。だとしたら、ソロ・シンガーになってから具体的にどんなことをやろうとしているのだろうか。

「実はディナー・ショーをやりたいんです」と谷村は切り出した。

「クラブに行くと、むこうの歌をスタンダードとしてよくうたっているでしょう。ああいうのを聴くたびに、くやしいと思うんです。なんで、日本にスタンダードがないんだって。ああいうところで、オレの歌がうたってもらえたら、そう思います。学生時代からペリー・コモやフランク・シナトラが好きでしたから、ディナー・ショー形式のコンサートはいつかやりたいと思ってましたね。たぶん、来年には実現するとは思いますが……」

ディナー・ショーは来年だが、谷村の初めてのソロ・コンサート・ツアーは、8月から来年の1月まで40本行なわれる。構成・演出はどうなるかまだわからないが、今までのアリスのコンサートとはがらりと違ったものになることだけは間違いない。

「きっと谷村は変わったと言われると思うけど、ずっと見ててくれた人には、必ずわかってもらえると思っています」

今から5年ほど前の1977年3月24日から28日までの5日間、新宿厚生年金ホールで〈アリス・リサイタル・エンドレス・ロード〉というリサイタルが開かれた。そのとき、谷村は彼のソロ・コーナーで、サンフランシスコのゴールデンゲイト・ブリッジを形どったセットの前で、レインコートにハットをかぶり、ソロ・アルバムの中から何曲かうたった。そのとき、アリスのイメージとはまるでかけ離れていたのでコミック的に受けとられ失笑をかっていたが、あのときから、既に現在の青写真はしかれていたのである。

谷村は「変わりますよ」と大声を出して次の獲物を得るためのエサをまくことはしない。だから、動き始めたときは急に動き始めたように受けとめられるが、決してそうではない。用意周到な計画があってスタートを切っているのだ。そのことがわかっていないと「なんだあいつは……」と勝手に思い、後手後手にまわることになるだろう。

谷村新司は動きながら考え、考えながら動いている。その意味においては、プロの生きざまを身につけたしたたかな男である。

伊勢正三

ひとつの巨大な力が、静かに光を放ち始める時……

〝売れ線〟じゃなくて〝いい曲〟

「『なごり雪』のような曲は、書こうと思えばいくらでも書けるけど、今は書きたくない。『なごり雪』『22才の別れ』を作った頃は、生きている言葉をつかもうという意識があった。でも、今のぼくにとって、あれが今の生きてる言葉だという必然性がない」

昨年の2月末、アルバム『渚ゆく』を発売した頃に会ったとき、伊勢正三は、いささか暗いイメージをただよわせながらもきっぱりと言い切った。

あれから早くも1年半余り。「昨年会ったときは『なごり雪』は書きたくないと言ってたけど、今はどうなの?」と尋ねてみると、意外な答えが返ってきた。

「今は書こうと思っても書けないんですよね」

テレ笑いを浮かべながらも語る伊勢の表情はやけに明るかった。

その明るさを見て、この1年半余りで、伊勢に何か変化が起きているに違いないと思った。

「書けないということはどういうこと?」

と水をむけると、伊勢は言葉を選びながらも一気に話し始めた。

「あのとき、書かないと言ったのは、『なごり雪』タイプのいわゆる〝売れ線〟の歌を書くことはしないってことね。かぐや姫のあの時代は、華々しさともに屈折した時代でもあった。町を歩いていても声をかけられるし、何をしていても監視されているようで自分を客観的に見ることができなかった。つまり、ミーハーっぽくとらえられていたわけだけど、そういうミーハーっぽいことを嫌がることが嫌だったわけ。いろいろ考えたら、そういう現象は結局、自分がまいた種だからそういう種はまくまいと思ったのが本音かな。だから、あえて人前に必要以上に露出することはしなかった。その甲斐あってか、今はその目的を達成できたので、これからは思い切りできそうかなと思っています」

ミーハーっぽい現象――自分でまいた種だから、あえてそういう種はまかないというあたりは、いかにも伊勢らしいところだが、むろん、それがすべての要因ではない。やはり、その背後には、アーティストとしての方向性が明確に存在していたように思える。そうでなければ、あれだけわかりやすい抒情派フォークから百八十度も異なるサウンド志向に走れるわけがない。

「昔は、なんでも書いていた。その弊害もあるのかな。男と女のラブソングって結局、ストーリーを設定して、シチュエーションを考える。たくさん書いていくとどうしてもシチュエーションが限られて、同じようになってくるわけ。たとえば、別れの場面を書こうと思っても、無限にシチュエーションが設定できるわけじゃない。とすればアーティストとしては当然のこととして同じものは作りたくないと思ってくる。そうなると、後は、内面描写になるか、情景描写になるか、サウンド志向になるかしかない」

無限の可能性に目を向けて

御多分にもれず、伊勢もそういう方向に突き進んだ。それは風の後半、アルバム『海風』を出したあたりから顕著になり、読く『ムーニィ・ナイト』、さらにソロ・シンガーになってから出したアルバム

『北斗七星』『渚ゆく』と枚数を重ねるにつれて顕著になっていった。

風の後半、伊勢はステージで「なごり雪」「22才の別れ」はあえてうたわなかった。

「『海風』『ほおづえをつく女』で勝負しようと思っていた時期ですから、あえてうたわなかったですね。でも、古い歌を捨てて新しい曲で勝負というときは、そうならざるを得ないでしょう」

頑固に伊勢はその姿勢を押し通した。その間、ぼくや彼のスタッフなど内外の人々から「『なごり雪』みたいな曲を作れ。なぜステージでうたわないのか」と執拗に言われ続けた。だが、伊勢は頑として首を縦にはふらなかった。

しかし、今は違う。作ろうとも思うし、平気でうたえると言う。

「『なごり雪』のようなひとつの時代を超えても人前でうたえる歌を持てたということは誇りに思っている。それと、前は『なごり雪』みたいな曲を作れと言われたときは『なごり雪』みたいな売れ線の歌を作れと言われているようで嫌だったけど、今は『なごり雪』のようなインパクトのある〝いい曲〟を作れという意味で言ってくれているのがわかるので、自分もそう思います」

伊勢と話していると、ここしばらくの間、こだわり続けただけに、長いトンネルを抜けると、逆に、精神的に吹っ切れたようだ。

最近の新人アーティストを見ていると、こだわりを持っている人は実に少ない。こだわりがないから思いつくままに何でもできてしまうという強さはあるが、裏を返せばこだわり続けるものがないだけに、「これだ！」という切り札を持てないでいる。それに比べると、伊勢などは無器用ではあるが、こだわるものがあるだけに、吹っ切れたときのパワーにはものすごいものがある。八方美人的でないだけに、一点に集中できるからだ。

今はね、気分が盛り上がってる……

伊勢は8月12日・新潟を皮切りに9月28日・神戸まで全国で19回のコンサートを行なう。久しぶりのツアーだが、このポスターが貼られたユイ音楽工房の応接間でしみじみとつぶやいた話がやけに印象的だった。

「前はポスターが町中に張り出されていると、自分がさらし者になった感じで嫌だったけど、今はうれしくはないけど、しょうがないと思う。やっぱり、こういう仕事をしていると、ある程度はしかたがないことだし……」

しょうがないことと言えば、曲を作るときに雑音があると前は気になって全くだめだったというが、子どもができてからは、「しょうがないと思うようになった」と言う。このあたりにも、ひと皮むけた伊勢がいるようだ。

そんな伊勢だけに、現在はアーティストとして精神、肉体ともに充実した時期をむかえつつあるようだ。

8月21日にはニュー・アルバム『ハーフ・シュート』が発売されるが、このアルバムは全6曲で値段も低価格だ。そういうスタイルを取ったのには、安くという他に、実はもうひとつ理由がある。

「ふつうアルバムは10曲ぐらいだけど、はっきり言って、10曲だと集中力が散漫になってしまう嫌いがある。今回も曲は10曲以上あったけど、全力投球で集中できるのは6曲じゃないかと思って、こういうスタイルにした。グループのときは、自分の持ちぶんだけ、とりあえず全力投球すればいいけど、ソロのフル・アルバムの場合はそうはいかない」

集中力に欠けるから6曲にした──「なんだだらしがないじゃないか。プロならもっと頑張れ」という批判も聞こえてきそうだが、埋めあわせの曲を入れて高い金を取られるより、数は少ないが珠玉の曲ばかりで安いというほうがよっぽど良心的である。

個人的に言えば、ぼくは前作『スモークドガラス越しの景色』から、再び伊勢に注目をしている。それまでは、渋い言葉を駆使した抽象的な表現と、やたらサウンド志向でわかりにくかったが、前作あたりから、少しずつポップにわかりやすくなってきているからだ。

「『北斗七星』『渚ゆく』ではずいぶん渋い言葉ばかりを使った。それはラブ・ソングで愛を伝えようと思ったときに、自然、海、星などの美しさに置き換えて詞を書いたわけだけど、あまりにもストレートにうたいすぎたかなと思っている。そこで『スモークドガラス越しの景色』ではちょっと変えてみたけど……。あのアルバムは20代の区切りでもあったし、それと同時に、もう一度表に出ようかなとも思った」

伊勢のそんな精神的な高まりは、なんとなく伝わってくるが、それだけ、伊勢のアーティストとしての精神状態がいいということだろう。

「くやしけどここ一連のアルバムはミュージシャン受けしかしなかったみたい。あまりにもわびをきかせすぎたのかもしれないけど、これからは、ここぞというときにわびをきかせたいと思う。それと、自分の音楽に酔うことはしたくない。自分よりすごいことをやっている人はたくさんいるし、だから、いいものはいいという気持ちで聴きたいですね。ひと頃、洋楽とか輸入盤をほとんど聴かない時期があったけど、これからはもっと自然体でいきたいと思う。結局良質なものを作るしかないわけなのだから……」

伊勢は、ニューミュージックのスーパースターである、ということに異論を唱える者は誰もいないだろう。だが、そのわりにはハデさはない。ビッグ・イベントを行なうわけではないし、とりたてて変わったことをやるわけでもない。ただひょうひょうとしているだけだ。そんなところがもどかしく感じられるが、伊勢はいっこうに気にとめるふうでもない。

「ぼくの場合、ソロになったからって、一から出直す感じでもないし、そうかと言って、すごい実績があってそれがイメージとして残っているわけでもない。それと、さあやるぞというタイプでもない。ただやりたいことをひょうひょうとやっている。それでいいと思っている。要は、いい曲を作ることが先決なのだから……」

まばゆいばかりの栄光に流されることなく、自分自身を客観的に見つめるために、あえて苦難の道を選んだ伊勢だけに、長いトンネルを抜けた後では、精神的にも人間的にもひとまわりもふたまわりも成長している。それだけに、これからが楽しみだ。

「正やんはいったい何をしようとしているのか、わからなくなってしまった」

そう嘆いていた伊勢ファンが多かったが、その人たちの前に「自分は間違ったことはやっていなかった」と自信を持った伊勢が帰って来た。30歳には30歳の歌があるということをきっと証明してくれることだろう。

久保田早紀

想いのままに新生・早紀が歌いはじめた

2年ぶりに久保田早紀に会いたいと思った

久保田早紀のニュー・アルバム『見知らぬ人でなく』を聴いたとき、びっくりしてしまった。というのは、さほど期待していなかっただけに、そのできの良さに思わず唖然としてしまったからだ。このアルバム、一度聞いただけで早紀の心の疼きがストレートに伝わってくる。「ロンリー・ピープル」「ステージ・ドア」はスターを素材にとった歌だが、そこに早紀の姿がだぶって、ノンフィクションふうの説得力があふれ出しているし、「ザ・シティー」は現代を鋭く風刺、「見知らぬ人でなく」はパラドックス、「らせん階段」は内容が重く、それぞれ聴きごたえは十分だ。このアルバムで早紀は新境地を切り開いたようだ。

そんなふうに感じたとき、ぜひ早紀に会ってみたいと思った。

早紀に積極的に会おうと思ったのは実に2年ぶりのことだった。早紀が「異邦人」でデビューしたときから「異邦人」が大ヒットしたあたりまでは何度か取材をしたが、それ以降はなぜか取材をする機会がなかった。いや、正確に言うなら、取材をする〝必然性〟がなかったと言っていいだろう。この2年間、取材は一度もしなかったが、CBS・ソニーのスタジオ、誰かのコンサート会場などでばったりと顔をあわせることは何度もあった。しかしながら、ぼくは取材したいという気持ちにはどうしてもならなかった。ひとえに、それはセカンド・アルバム『天界』以降に発売されたアルバムに触手が動かされなかったからだ。

ぼくは会いたいと思ったときに会いたいと思った人に会って取材をするということをポリシーにしている。歌を作ってうたっている人間の生きざまを描くことを信条としているぼくにとって、それが全てだからだ。換言すれば、いい歌があり、その歌を聴くことで感動し、その感動を確認するためにのみ、作ったアーティストに会う。いい歌はいい生きざまから生まれるはずだ。ぼくの〝音楽生きざま論〟の原点はそこにある。

歌を聴いて感動し、ぜひ会いたいと思う。早紀に会おうと思ったのは必然的な流れである。

久しぶりに会った早紀は、さわやかな表情をたたえていた。

「今度のアルバム良かったね。聴いていて迫力があるし、何か吹っ切れたみたいだけど……」

と水をむけると、早紀は身を乗り出して言葉をひとつひとつ丁寧に選びながらも、はっきりとした口調で話し始めた。

「ファースト『夢がたり』は既にある曲を集めて作ったという感じで、デビュー・アルバムということもあって、プロとしての意識がない集大成という感じですかね。それに対して、セカンド『天界』は「異邦人」がヒットして名前が出てしまった後だったので、作らなければならないという使命感にとらわれて作ったアルバムという感じですね。とにかく、あの頃は時間がありませんでしたので、コンサートやラジオ出演の合間に思いついたことをメモっておいて、曲ができたら詞を、詞ができたらすぐに曲をつけるという状態でした。サードの『サウダーデ』は「異邦人」から1年が経ったのでファド（ポルトガルの民族音楽）の本場ポルトガルに行って、ぜひ一度「異邦人」をうたいたいと思ったんです。「異邦人」がヒット中、取材されるたびに、『私はファドが好きです』と言っていたんですが、そんな自分にポリシーのなさを感じ始めていたんです。本場のファドを何も知らないで言っている自分に対して……。結果的に、むこうに行ってむこうのミュージシャンとレコーディングをして良かったですね。アメリカなんかの場合は言葉がわかんなくてもフィーリングで意味はわかるけど、ボルトガルのファドは言葉の意味がわかりハートがわからないと一緒にはできないだろうと想像していたんですが、その通りで、なぜかホッとしました。

4枚目の『エアメール・スペシャル』は、キリン・オレンジのCMに使われるということで、全体をそれにあわせたというところもありましたが、それまでは私の一部分しか出ていなかったところに、ポップスというもうひとつの面を出したという意味もあります」。

「異邦人」に呪縛されていた2年間

このように、早紀はそれなりに意識をしながら4枚のアルバムを作り続けてきた。ここで注目されるのは、4枚のアルバムがデビューして1年半という短期間に作られたという事実だ。単純計算で4カ月半に1枚ということは信じられないほどのハイペースだ。そんなハイペースを保っていた早紀が、昨年の5月に『エアメール・スペシャル』を発売してから、この7月にニュー・アルバム『見知らぬ人でなく』を出すまで1年2カ月間もの間沈黙してしまう。

この沈黙には何か事情があったと思われる。

「デビューしてからすごい勢いでアルバムを出してきたんですけど、それは嘘じゃないかと思い始めたんです。幸運にもデビュー曲がヒットして、後は言われるままにローテーション通りに曲を作って出してきた。それがあるとき、シンガー・ソングライターとしての自分を考えたとき、とってもイージーじゃないかと思ったんです。私の歌を聴いて何かを感じてくれる人がいる。そんな人たちに対して、私はあまりにもイージーに歌を作りすぎたんじゃないかという気がして……。そう思ったら、こわくて出せないと思ったんです。作ろうと思って作ってばかりいてもしかたがない。それで、自信を持ってうたえる曲が10曲できるまではアルバムは作らないと決めたんです」早紀はあまりにも一生懸命に走り過ぎたので、いつしか自分自身を見失い始めていた。

そんな自分自身をふと客観的にながめたときどうしても冷静にならざるをえなかった。

ちょうどその時期、精神的にもウツ病の極致だった。

早紀は『エアメール・スペシャル』を作った時点で「やめよう」と思ったともいう。

「異邦人」がいきなりミリオンセラーになって、早紀は〝現代のシンデレラ〟に祭り上げられた。だが、その直後、シンデレラと祭り上げた同じマスコミによって、その過去がヌードモデルだったとか、スケ番だったとか、学生時代に停学処分を受けているとか、暴走族の女の子だったとかスキャンダラスな噂に巻き込まれ、〝汚れたシンデレラ〟に引きずり落とされた。

悪いことに、「異邦人」以降、「異邦人」があまりにも大きすぎたヒットだけに、その後が続かずに、早紀は〝一発屋〟と中傷されることになる。当然ながら、そんな批判の矢は早紀にも突き刺さった。

「一発屋なんかと言われたりすると、私はそうじゃないとかまえちゃうのか、変に肩に力が入ってしまうんですよね。まだ初めのうちはいいんですが、何枚もレコードを出して売れないと、なんで売れないんだといらいらしてしまったりして、結局、精神的にウツ病になってしまうんです。そうすると、恐ろしいもので、自分自身が『異邦人』に負けてしまうんです。無意識のうちに『異邦人』のコピーをして曲を作ってしまう。自分の中で自分を模擬してしまう。これはとっても恐いことです」

自分の中で自分を模擬してしまうということ。これは末期的な症状と言っていいだろう。つまるところ、自分が作り上げた「異邦人」という物に自分自身が支配されてしまうということだ。

ここ2、3年、新人がデビュー曲やそれに近いところでいきなりヒット曲を飛ばしてしまうケースが増えている。早紀を筆頭にしてクリスタルキング、アラジン、堀江淳、雅夢、伊藤敏博など枚挙にいとまがないほどだ。彼らには彼らに共通した悩みがある。それは〝一発屋〟と言われてしまうことだ。ヒット曲の余波が去った後に訪れるものは精神的な落ち込みだということは想像に難くない。

今、心に湧き上がる声に耳を傾けて

今年の初めに早紀はブルガリアに初めてひとりで海外旅行をしたという。

「冒険だったけど、ひとり旅をしてみたんです。でも、結果的に良かったと思っています。ずいぶん怖い目にもあったし、それで怖いものなしになりました。それと最も良かったのは、むこうの人にはイエスかノーかをはっきり言わなければいけないということを知ったことです。もの欲しそうな顔をしていても〝欲しい〟と言わないとむこうの人は決してくれません。私は、日本のファンも外国人と同じだと思いました。私を本当に伝えようとするなら、私の思っていることをはっきり言わなければと思いました。帰りの飛行機の中で、日本に帰ったら、ライブでも取材でもラジオでも自分のポリシーははっきり言おうと決心しました。と同時に、外国に行ってみて、自分自身がエトランゼになったことで客観的にながめることができたのか、今自分のやりたいことをやればいいんだと思いました。そう思ったとき肩の荷がおりました」

早紀は日本にいると、どうしても他人の視線を意識しなければならない。すると不思議なことに、「異邦人」に呪縛されてしまう。それが外国に行ったとき解放された。そして今やりたいことをやるという気持ちで『見知らぬ人でなく』を作り上げた。作ろうという使命感からではなく、自然と湧いてきた歌だけに、早紀は現在アーティスティックに燃えている。

別れ際、早紀はニコッと笑って、さわやかな笑顔で言い切った。

「私は〝一発屋〟とかいろいろ言われて悩みましたけど、今は初めに『異邦人』のような大きなヒットが出て良かったと思っています。デビュー曲で出ても、5年経って出ても、10年経って出てもヒット曲はヒット曲でしょう。初めにヒット曲が出たので、ヒットに関しては当分の間、楽だなと思います。今年で、私は3年目ですけど、もしヒット曲がなければ、ここらでヒット曲をと必死に頑張らなければいけないけど、出ちゃったから、それがあるのだからヒット曲にとらわれないで好きなものだけをやるしかないなと思っています。そして何年か後に大きな仕事ができれば、やっぱりすごかったということになるんですから……」

「異邦人」のヒットがあるからこそ、それにとらわれることなく、好きなことをやるしかない。自分でそういう結論を出した早紀。一発病から自力で這い出しただけにこれからが楽しみだ。

村下孝蔵

内に秘めた意欲が燃え上がる時……

村下孝蔵の「ゆうこ」が4月21日発売にもかかわらず、半年を経た現在、ヒット・チャートをじわじわと上昇し続けている。

ニューミュジックといえども、最近のサイクルは驚くほど速い。特にシングルは発売されて2カ月経っても動きのない場合は〝ダメ〟という烙印を押されてしまう。そんななかにあって、「ゆうこ」はまさに異色と言える。だが、「ゆうこ」の亀を思わせるような遅いが、しかし、着実な歩みは村下そのものの生きざまを象徴しているように思える。

デビュー直後に味わった焦燥感

村下は昭和55年5月21日に「月あかり」でレコード・デビューした。このとき彼は27歳だった。27歳といえば、自分で発見した道を一生懸命のぼっており、将来の光明が見え始めてもいい頃だ。しかし、そんな時期に、彼はようやくのことでスタート台に立つことができた。その意味においては、遅れたスタートだった。しかし、彼は彼なりの自信に満ちていた。地元・広島では〝アマチュアとしてはNo.1〟という自負があったからだ。

彼はプロに対して自分なりの幻想を抱いていた。大きなコンサート・ホールでコンサートができて、街を歩くとみんながサインをせがんで集まってくる。だが、現実はまるで違っていた。

「デビューしてキャンペーンと称してレコード店の店頭でうたわされたときがあるんですが、そのときほど恥ずかしいと思ったことはありません。店の前を知っているアマチュアの仲間が通るわけですよ。そのとき、ぼくはなんでこんな所でうたわなければいけないのかと思いました。はっきり言って、プロになってやったことは、アマチュアのときよりひどいものでした。ぼくはアマチュアのとき、かなりいいホールでコンサートをやっていました。それが……。プロはもっとカッコいいものと思っていただけに失望しました」

自分が抱いていた憧れのプロ・アーティストへの幻想はカタカタと音を立てて崩れていった。だが、幻想が壊れることはまだ良かった。恥ずかしいという気持ちのとき、人間にはまだまだ余裕がある。しかしながら、本当に切羽つまったときは恥ずかしいと思えるだけの余裕も残されていない。

「月あかり」が不発に終わり、その直後の7月に発売されたファースト・アルバム『汽笛がきこえる街』のセールスも芳しい成績をあげられなかったとき、ディレクターからレコーディングの話はぱったりと途絶えてしまった。

彼は日増しに焦りを感じていた。

「本当にぱったりという感じでレコードの話がなくなってしまった。焦りました。ぼくはもうダメなんだろうか……そう思うといたたまれませんでした。あきらめかけていた頃ディレクターから次のシングルの話があったんです。良かった、と思う間もなく、次の曲がダメだったらもういい、みたいなことを言われて、そのとき、幻想はきっぱりとなくなりました。と同時に、結局、歌の世界もサラリーマンと似ていると思いました。なんだかんだいっても、ひとつひとつ実績を積み上げていかないとサバイバルできないんだと……。それで次の曲に賭けようと思いました。正直言って、悩みました。他人からいろいろ言われたし……。それとプロになってから一番やばかったのは、アマチュアのときのように曲を作ってから完成させるまでの冷却期間がないということでした。そこで『春雨』は、あえて冷却期間をとって作りました」

デビュー曲「月あかり」で敗北をきっした彼は敗者復活戦にのぞむ。敗者復活戦に負けは許されない。当然ながら気合いを入れて曲作りに励む。だが、詞でつまずいてしまった。2度、3度、4度と書き直しをしてもディレクターの「OK」という承諾は出なかった。彼はグシャグシャに手直しされた詞を前に立ちつくしてしまった。

「これ以上、どこを直したらいいというのだろうか?」

そうつぶやくと、詞をメチャクチャに破りたい心境だった。だが、そのとき、「負けてたまるか」という胸の底から突き上げてくるような衝動とともに〝八幡製鉄所時代〟のことが走馬灯のように甦ってきた。

水泳で培った気力と意欲

村下はかつて百メートル平泳ぎのアジア大会派遣候補選手だった。

今から10年ほど前、19歳のとき、彼は八幡製鉄所（現在の新日鉄）の水泳部にスカウトされた。当時、彼のベスト・タイムは1分10秒台、オリンピックの金メダリスト・田口選手は、その頃、1分9秒台というから彼の実力は並ではない。

その頃の彼の日課は、まさに〝毎日が水泳〟だった。朝の7時半に出社し、8時から正午まで仕事をして、午後1時半から10時まで水泳の練習がみっちりと続いた。腹筋、背筋、腕立て伏せの基礎体力作りは言うに及ばず、毎日5時半からはマラソンのあの君原健二選手と2キロを走る。その甲斐あってか、短期間に成長し、彼は八幡製鉄所のホープと言われるまでになった。

しかし、アジア大会の1カ月ほど前に、彼は突然水泳を辞めてしまう。

「やっぱり自分の限界が見えたからではないですか。ぼくはどうしても1分10秒の壁が破れなかった。その頃、田口選手をはじめとして何人かが10秒を切っていました。水泳の100メートルの場合、75メートルから後半の25メートルで勝負は決まります。最後の競り合いは足がすべてなんです。ぼくは腕は強かったんですが、足首が固かったので水の抵抗を受けてラスト・スパートをかけると息が苦しくなってしまう。それが原因でどうしても10秒の壁を破れなかったんです。なぜ田口選手はラストの25メートルでスピードが増すのかと……。そうしたら、田口選手は、持って生まれた体質というものがあって、たまたま自分の場合は腰が強いので、だから疲れないんだと説明してくれました。それで見切りをつけたわけです。ショックでしたよ」

自分の才能に限界を感じ、自分で見切りをつけるほどつらいことはない。しかし、限界まで挑戦したのだという自信は残るものだ。その自信が、やがてやればできるのだという支えになる。

明日は〆切りという日の深夜、彼は再び原稿用祇にむかった。「春雨」の詞を完成させるために、だ。時間だけは無常にも流れていく。時計の針の動きがやけに気になり、デッド・ラインが見え始める。

「ギブ・アップか……」

そんな思いがふとよぎったとき、意識の奥深いところから、負けてたまるか、という気持ちが湧き上がってきた。気がついたとき、ペンを持って原稿用紙を埋めていたという。

「神がかりというか、自分でも予期しない力って湧いてくるもんなんですね。そのときそう思いました。しかし、その力を呼び込んだのは、やはり、水泳できたえられたときの自負だったようです。若いから体力には自信がありました。どうしても食えなけりゃ、トラックの運転手をやればいいと思っていましたし、水泳であそこまでやれたのだから、歌でできないことはないとひたすら思っていました」

「春雨」は大ヒットはしなかったものの、幸いにも小ヒットして彼を〝死に体〟から見事に救った。敗者復活戦を勝ち抜き、再びスタート台に着くことができたのだった。

自分を信じて〝大人のフォーク〟を！

彼はどん底から自力で這い出すことができた。それだけに、客観的に自分自身を見ることのできる目をいつの間にか身につけていた。

「春雨」に続いてセカンド・アルバム『何処へ』の話が持ち上がってきた。そのとき、彼は初めて全面的に自己主張をする。

「『春雨』が売れたので、そのラインで2枚目のアルバムを作ろうということになったんですが、ぼくは反対しました。早いうちにいろんな面を出しておけば、イメージにしばられることはないと思ったからです。そのとき、ぼくは自分の中にある〝ポップさ〟を出したいと思っていました」

彼はスタッフを説得してポップなアルバム『何処へ』を発表した。「いいものはいいものとして正当に評価される」という確信があったからだ。しかし——。アルバム『何処へ』に続いて56年6月21日に発売された3枚目のシングル「帰郷」が不発に終わったとき、確信がぐらつき始める。自分はこのままアーティストとしてやり続けることができるのだろうか、という不安が夏の日の積乱雲のようにいっぱいに広がってきた。

不安は迷いを呼び、迷いは自信を喪失させる。

だが、結果的に、音楽に対する情熱が彼を立ち直らせることになる。

八幡製鉄所を辞めた彼は、両親が故郷・熊本県水俣市から移住していた広島市へ行った。そして20歳のときに、日本デザイナー学院に入学した。学生という自由な身分で、とりあえずいろんなことをやってみようと思ったのだ。

八幡製鉄所時代、夜10時に水泳の練習が終わって、へとへとに疲れて帰って来てからも彼はギターだけは手放さなかった。それだけ音楽が好きだったわけだが、広島に来てからはその好きな音楽に火がついた。日本デザイナー学院に通いながらもたくさんのオリジナル曲を作り、デパートの屋上で発表会を行なったりもした。

その後、家具屋に就職。そこを辞めてヤマハに就職と職業は転々とするが、音楽に対する情熱はいっこうに衰えることなく、54年のCBS・ソニー新人オーディションに合格し、55年5月21日に「月あかり」でデビューをはたす。

不安が迷いを呼び、迷いが自信を喪失させかけたが、情熱だけは失うことがなかった。

そして——その情熱が今年の3月21日に発売されたサード・アルバム『夢の跡』を生み出すエネルギーとなる。

「『夢の跡』というアルバムが完成したとき、これでいけるという自信がつきました。なぜかというと、29歳の男がじっくりとうたいあげられる〝大人のフォーク・ソング〟ができたと思ったからです。1970年代のフォーク・ソングはあくまで学生が中心だったでしょう。80年代のフォーク・ソングはヤングだけじゃないんです。ぼくはそう思っています」

アルバム『夢の跡』の中の1曲「ゆうこ」が大ヒットの兆しを見せている。この曲が大ヒットしたとき、〝大人のフォーク・ソング〟が誕生し、村下孝蔵の時代がやってくるだろう。

内に秘めた静かな炎が、村下の心の中でメラメラと音を立てて燃え上がり始めた。自分を信じることこそが成功へのたったひとつの道であることを、ぼくは村下の生きざまを見ていると痛切に感じてならない。

杉田二郎

〝夏の時代〟に俺のやることは……

ニューミュージックのアルバムだけで毎月50枚は聴く。そんなたくさんのアルバムの中で、1枚だけ妙に心にひっかかるものがあった。それが杉田二郎の『虹のメッセージ』だった。そして、そのアルバムの中でも、特に印象に残った歌が「寒い時代」だった。

「寒い時代」はラブ・ソングだが、ラブ・ソングを超えて鋭く今の時代をついているように思えた。杉田は〝男はむかし恋をすると詩人になったと人は言う、女はむかし恋をすると花咲き染まったと人は言う〟とうたう。すなわち、男はより男らしく、女はより女らしく生きられた時代が昔はあったということだ。一言で言えば、〝優しげな時代〟だった。ところが、現在は〝今ではすぐに愛は生まれ、こわれてゆくのもまた早い、流行りの衣装を変えるように移ろいやすいもの、もろいもの〟という〝寒い時代〟になってしまった。それでも、彼は〝寒い時代でも生きてる限り、愛することを私は忘れない〟とうたう。この歌を聴き終わったとき、拳を握りしめて「そうだ。そうなんだよ」と、ぼくは思わずつぶやいてしまった。この歌は愛でも恋でも、その他なんでも軽薄に流れてしまう今の時代をとらえアンチ・テーゼを突きつけている。それだけに、聞いていていてドキッとさせられるし、考えさせられるものがある。

杉田とは折りにふれ会う機会が多い。コンサート会場で、誰かの打ち上げパーティーで……そんなときは酒を飲みながらもちろん話はする。しかし、今回のように歌を聴いて、ぜひ会いたいと思ったのは、そうざらにはない。おそらく「戦争を知らない子供たち」、「男どうし」に次いで3度目ではないだろうか。つまり、歌を聴いて、会いたいと思わせるほど「寒い時代」にはリアリティーがあったということだ。

久々に歌のリアリティーに触れた

このところ歌のリアリティーとは何かということについてずっと考え続けている。

そのことを考えるようになったきっかけは、どんな歌を聴いても、かつてのように「そうだ、そうなんだ」と共感できないような状況になってしまっているからだ。毎月ニューミュージックだけでもたくさんのレコードが発売されるが、心から共感できるものはほとんどない、と言っていいだろう。そのとき、歌のリアリティーとは何なのか?と考えるようになった。

かつて11年ほど前、ぼくがまだ20歳かそこらだった頃、深夜放送で偶然にも吉田拓郎の「今日までそして明日から」という歌を聴いたことがある。一度聴いただけでこの歌には強い共感を覚えた。というのは、その頃のぼくは大学にはまるで顔を出さずに、やりたい〝何か〟を捜し求めてひたすら毎日をすごしていたからだ。それはあたかも歌のフレーズにあるように〝時にはだれかの力をかりて、時にはだれかにしがみついて〟生きている、そんな毎日だった。ただ、そのなかで思っていたことは、そんな毎日からなんとかして這い出さなければならないということだった。しかし、いくらもがいてみても〝そして今、わたしは思っています。明日からも、こうして生きていくだろう〟という、どこまで続くぬかるみぞ、という世界だった。

その1年後に、井上陽水の「傘がない」を聞いた。このときも、強い共感を覚えたものだ。その頃ぼくはまだ学生で音楽評論の仕事も月に1本ぐらいずつ書き始めた頃で、自分が〝何〟をしたいのかはまだ明確にはわかっていなかった。しかし、自分の青春の炎を燃やし続けられるような何かを見つけ出そうと必死になっていたことだけは確かだった。そんなときに聴いたのが陽水の「傘がない」だった。

この歌を聴いたとき、ぼくは思わず「そうだ、そうなんだ」とつぶやいてしまった。その頃、ぼくは毎日テレビやラジオや新聞のニュースを聞いたり読んだりして政治社会問題にも興味を持っていた。しかし、何の力も持たない青臭い若僧に何ができるのか？　それより自分にとっては、これから彼女に会いに行かなければならないのに、外は雨、なのに傘がないという現実のほうがよっぽどさしせまった問題だと思っていた。だから、陽水の「傘がない」を聴いたとき、政治社会問題に後ろめたさを感じながらも自分の現実に走ってしまう自分と同じような奴がここにいたかと知って共感を覚えたのである。「傘がない」は、その意味で、ぼくの潜在意識をしっかりととらえたと言えるだろう。だから、ぼくにとって「傘がない」は最高にリアリティーを持った歌になったのだ。

いずれにしても、拓郎、陽水の歌は作ったのは彼らであっても、同時に、それは聴き手であるぼくらの歌でもあった。だからこそ、ぼくは「そうだ、そうなんだ」と共感を覚えたのだ。その点において、彼らの歌には強烈なリアリティーが存在したと言っていいだろう。そのリアリティーは、岡林信康の「私たちの望むものは」、かぐや姫の「神田川」、ジローズの「戦争を知らない子供たち」などにもあった。

しかしながら、今の歌にはそんなリアリティーが感じられない。ニューミュージックはそんな〝共感〟を聞き手が歌い手と共有するところにあると僕は思っているだけに、淋しい思いをしていた。そんなときに聴いたのが、杉田「寒い時代」だった。

これから10年間に何をするか

杉田は会ったとき、のっけから言い切った。

「『青春は終わった』オレは今はっきりとそう言い切れる。確かに1960年代後半から1970年代前半という素晴らしい時代を生きることができて良かったという気持ちはある。だが、それを武器にしていてはダメだと思う。そんなことはもうどうでもいいんです、今のオレにとっては過去の10年間に何をしたのかより、これから10年間に何ができるのか、というほうがよっぽど大切だ」

杉田をはじめとしてニューミュージックの第一線を突っ走って来たアーティストは、みんな30歳を超えてしまった。そんな彼らと久しぶりに会って酒を飲んだときに、決まって話題になるのは、何を、誰にむかってうたうかということだ。かつてはアーティストと聴き手の間に世代間のギャップはなかった。しかし、現在は30歳になったアーティストと若い聴き手の間には〝世代のギャップ〟がある。そのギャップを埋めようとして、ほとんどの人は〝受けよう〟と意識をするあまり、自分のスタンスを崩してしまっている。

杉田にもそんな時期は確実にあった。

そんな時期は明らかにリアリティーは感じられなかった。それもそのはずで悩んだままで悩んだ曲を出してしまっていたからだ。

デビューして数年も経つと、音楽業界のからくりを知ったり、流行にやたら敏感になって、「今はこういう曲じゃないと売れない」と言われるとついその気になってしまう。そんな意見を押し切って、結果が良くないと、「それみたことか?」と言われる。それがプレッシャーとなって、アーティストは次第にスタンスを崩してしまう。

だが、アーティストにとってうたいたい歌をレコードとして出すのが基本である。そこに立ち返らないかぎり、こんなはずではなかったと悩み続けることになる。

「青春の尻尾を引きずっているときはどっちつかずでだめですね。どこかにまだ学生気分でいたいという甘えがあって……。しかし、それは自分で振り切るしかないんです」

「虹のメッセージ」の発端は、昭和55年7月5日に発売したアルバム『やさしさは残酷』にあったと杉田は語る。

「あの頃は優しさが世の中に氾濫していた。そんなうわべだけの優しさをながめていて、バカヤロー、優しさっていうのは本当は残酷なんだということを言いたくてあのアルバムを作った。しかし、まるで売れなかった。なんでわかってもらえないのか、とショックだった。その後、55年9月から56年4月まで7カ月にわたる《全国138歌謡歌祭り》のコンサート・ツアーに出て、福島から会津若松にむかう汽車の中でものすごく大きな虹を見た。ツアーが終わって、北山修とミーティングをしているときに、虹をテーマにした歌ができないかということになり、オレたちは消えていく虹にむかってさえ、何かメッセージをしておかなければいけないのではないかというようなことを話し合った。その頃、オレは本当に今の時代は寒い時代だと思っていた。しかし、オレたちはそれでも何かを信じて生きなければと痛感した。そんなことを作詞家の山上路夫さんに話して、そのなかから生まれてきたのが『寒い時代だった』

自信を持って自分のメッセージを！

アルバムのコンセプトは1年前に既にできあがっていた。しかしながら、制作スタッフの方から「今はメッセージを投げかける歌は商品価置が低い」という意見が出された。言い換えれば、売れないからやめたほうがいいということだった。だが、とは言いながらも制作スタッフも、杉田のやりたいという気持ちは十分にわかっていたし、自分たちも本音としてはやるべきだと考えていた。しかしながら、出すのには時期尚早という判断を下していたのだ。そのことは杉田も理解していた。杉田はその時期がやって来るまで待つことにした。

それから1年間、杉田はライブ活動を積極的に行なう。そんななかで、彼はひとつの確信を抱くようになる。

「このところ、オレのファンに若いのが増えている。そんな若い連中と話をして改めて気づいたことは彼らはオレを36歳の男としてとらえ、36歳なりのしゃべりを求めてコンサートに来ているということだ。ややもすると、受けることを考えて若い連中に合うようにするのにはどうしたらいいかと思案してやろうとするが、それは間違っていると思った。チョイスするのは彼らであってオレたちではない。彼らははっきり言うよ。あんたは36歳なりの歌を聞かせてくれ、それ以外の歌なら、若いアーティストのところへ行くってね。そんなことを知ったとき、オレは今のオレを出し続けるしかないと思った」

チョイスするのがあくまで聞き手なら、アーティストはひたすら自分のオリジナリティーをみがいて、それを自信を持って出すしかない。そう思ったとき、杉田は今こそ『虹のメッセージ』を出すべきだと決心したという。

北山修は10年ほど前に「戦争を知らない子供たち」と彼の世代に命名したが、その戦争を知らない子供たちは今、〝夏の時代〟に入ったと宣言する。もはや青春の〝春〟の時代ではなく、そうかと言って、淋しい冬の時代をむかえるばかりの〝秋の時代〟でもなく、さんさんと日光をあびる〝夏の時代〟だという。

杉田も「夏の時代にオレは入った」と言う。

「そんな夏の時代の中でオレが何をするか。それがこれからのオレのテーマだが、今、それが見えてきた」

杉田は〝何〟をうたうべきか、ひと山越えて自分で見つけ出した。だからこそ、ストレートにメッセージが伝わってくるのだろう。

歌がぼくにとって、再びリアリティーを取り戻しつつある。

準になるな、純になれ、というなにかのコピーではないが、こんな時代だからこそ、みんなが自信を持って自分のメッセージを投げかけるべきではないだろうか。ふと、そんなふうに感じられてしかたがない。

〝何〟をうたうのか？　内容を問われる音楽はニューミュージックだけだ——その原点に立ち返るべきだ。さもなければ、歌のリアリティーは取り戻せないだろう。杉田二郎の『虹のメッセージ』はそんなことを教えてくれているようだ。

南こうせつ

〝自然〟の中から、メッセージが届く

立花隆が書いた『宇宙からの帰還』という本がある。これは国家的使命を帯びて宇宙をめざした宇宙飛行士たちの生き方が宇宙体験によっていかに変わったか？にテーマを絞って書かれたものだが、実に興味深い読み物となっている。テクノロジーの最先端をきわめた宇宙飛行士が宇宙から帰還してどうなったか？　ある者は伝道者になり、ある者は政治家に、またある者は実業家になったりしているが、その中でも伝道者になったジム・アーウィンの話には興味がひかれる。

アーウィンは１９７１年7月にアポロ15号で月に着陸し、３日間にわたって月面を探検した。そのときに持って帰った〝ジェネシス・ロック〟（創世記の岩）はあまりにも有名である。現在、アーウィンはＮＡＳＡを辞めて伝道者として世界中を駆けめぐって説教行脚を続けている。アーウィンがなぜ伝道者になってしまったのか？　それは宇宙体験をしたことで神の存在にふれ、テクノロジーの進歩より人間の心を豊かにすることのほうが大切であることに気がついたからだ。

宇宙飛行士から伝道者へ百八十度の転進をしたアーウィンは、テクノロジー最優先の現代社会に痛烈なアンチ・テーゼを投げかけてはいないだろうか……。

〝新人・南こうせつ〟がどんな歌を創りたいか

「えいっ、と思って越えちゃう。そういうときにはラブ・ソングがいいんだよね」

と、南こうせつが話し始めた。

こうせつのニュー・アルバム『Seaside Story』は従来のイメージとはだいぶ異なっている。すごく軽快でポップで、そのためにこうせつらしさを期待していた人たちはとまどってしまうかもしれない。

「今度のアルバム・テーマは海だし、すごくポップだよね。軽くなりたかったんじゃないかな。人を愛して、好きになって、そういうプロセスの中で、ぎすぎすに考えていたことを飛び越えて軽くなりたかった。そういう気持ちが今度のアルバムには出ているんじゃないかな」

「この前のアルバム『ひとりごと』はベスト・アルバム的というか集大成的なものだった。でも、正直言って、嫌気がさしている。ああいうものはやりつくしたという気持ちからかもしれないが、自分でもうあきちゃった……。だから、今度のアルバムを作るときは別のアングルでやりたいと思った。無名の新人だとしたら、今のぼくはどんなアルバムを作りたいか？　そう思って、自分自身をプロデュースしながらアルバムを作ってみた」

今までやってきたことにはあきてしまったなど、ずいぶんと衝撃的な意見を述べているこうせつだが、これは今のこうせつの偽らざる心情である。

昨年の大晦日にこうせつは7年間住み慣れた富士山麓から大分県の国東半島へ引越しをした。大分の市街を抜けて車で雑木林を駆け抜けること40分余りすると、そこにこうせつ家がぽつんと建っているという草深い片田舎だ。2500坪の敷地内に200坪の畑を作って野菜を栽培するつもりだという。

昨年の1月に会った時、こうせつは国東半島に移ることについて、こんなふうに語っていた。

「髪も洗わないで、ヨダレを垂らしながらニワトリを追っかける生活、やりたいなあ。欲も何もなくてさ。ま、夢かもしれないけど、少しでもそれに近づきたくてね。そうすれば、本当の自分に出会えると思うわけ。都会で女の子をひっかけてる自分と、ヨダレ垂らして駆けまわる自分と、どっちが本当かっていう、その答えが出ると思う」

ヨダレを垂らす真似をしながらおどけた口調で話をするこうせつを見て、金持ちの趣味かな、と思えないこともなかった。余裕ができたら大自然の中でのんびりと暮らしたいと思っている人は多い。だが、思ってはいても先立つ物がなくて実践できないでいる。それをこうせつは経済的に余裕があるという理由で実践できていると思えたからだ。

そのとき、こうせつはこんな話もした。

「ぼくの場合は生活がだんだん歌になっていく。だから、プライベートな部分が充実してないとだめなんだ。家族みんなが円満で、仲良くて、一緒にスポーツしたり、議論したりとか。レコードが売れたい、有名になるより、結局それが一番幸福だなって思う」

こうせつは俗世間を離れてだんだんと仙人みたいになっていく。その真意はわかるようでいてわからないというのが、大方の人の気持ちではないだろうか。かくいうぼくとてもちろん例外ではなかった。

ニュー・アルバムの中に「さよならにかえて」という歌がある。こうせつの作詞作曲だ。この中でこうせつは富士山から国東半島へ引っ越した心情を淡々とうたっている。

「あれから七年たって、もう一つ夢を見たいんだ　僕のわがままさ　海に行こう　想い出色の風に吹かれ　今新たな旅へ　果てしなく遠い　山の彼方に　待ち受ける虹を信じて」

この歌を聞いたとき、こうせつの心情がひしひしと伝わってきた。こうせつは〝もう一つの夢を見たいんだ〟とうたう。では、その夢とは何か？と思った。それをこうせつに素直にぶつけてみた。

〝僕が生きている〟――それ自体がメッセージ

「ぼくの最終目的は家族が不安なく暮らせることです。都会の中だと車とか公害とか不安なことが多すぎる。ネオンもきれいだけど朝焼けのほうがもっときれいだと思う。自然の中で農業やったり、ニワトリを追っかけたり……その中でドラマをやってみたい。そして幸福になって、幸福を超えたときに、何のために生まれてきたのか、なぜうたっているのか、が見えてくるのではないかと思っている。とにかく、自分が幸福だと思っていることを実行してみたい」

こうせつがそう言った時、こうせつは十分に幸福なのではないかと思った。はたから眺めていると、こうせつファミリーは微笑ましい限りだ。これ以上、なんの幸福があるというのか？

「新聞の事件が気になって仕方がない」

こうせつは、いきなり言い放った。これまでの話にどんな関係があるのか、と思っていると、こうせつは一気に話し出す。

「たとえば校内暴力、たとえば一家心中。そういう記事は目に突き刺さってくる。他人事だと思えない性格だから、一家心中なんていう記事を読むと、どうしてこんなことになったのかと、新聞の主人公と一緒になって考え込んでしまう。そのとき、ぼくはうちでも十分にあり得ることだと思ってしまう。だから、そんな恐怖や不安を抱いては暮らしたくないと思う。そうするためにはどうするか？　そう考えたとき、ぼくは自然の中で暮らすことが一番いいことではないかと思った。だいたい今の世の中はね、錯覚から悲劇が始まっている。新幹線ができて便利になったとか、コンピューターなど文明の利器の進歩によって暮らしやすくなったとか……そういうところに人間の幸福はあると思い込んでしまっている。これはとんでもない錯覚だ。赤信号みんなで渡れば怖くないじゃないが、そういうことを鵜呑みにしているると、戦争は美徳だと信じて戦争を始めたような過ちをまた繰り返してしまう。赤信号を渡ることは悪いことだ。そういうことをきちっとしていかないとえらいことになる。いくらテクノロジーが進歩したって、人間の幸福というものは原始の時代から変わらないのではないか。最近つくづくそう思っている」

そんな話を聞いて、ぼくは立花隆の『宇宙からの帰還』を思い出してしまった。宇宙飛行士から伝道者になったアーウィンと、〝スター〟という世俗的なものからより人間的に生きようとしているこうせつが自然とオーバーラップしてきた。

「有名になりたかった。金も欲しい。女も欲しい。レコードも売りたい。そう思ってこの10年間突っ走ってきた。所得番付に載るのがうれしかったし、キャデラックを乗り回したりもした」

そういうことがこうせつにとって幸福だった時代もあった。しかし今は明らかに違っている。自然の中に住むことはこうせつにとって趣味ではない、生き方なのだということがわかった。

『宇宙からの帰還』の話をした。こうせつはきわめて強い興味を示した。伝道者になったアーウィンの話をすると「それは信じられるな」とうめくようにつぶやいた。

そして、「もう、こうせつらしいという、それからさえも逃げ出したい」と言う。

「今ぼくがやっていることがこうせつなんだと思う。その意味においては、今度のアルバムに今のぼくの気持ちは凝縮されている。この頃、つくづく思うことは、ぼくが生きていること、それ自体がメッセージだってこと。この年になって、まだ現役でうたっていて、全国各地でコンサートをやって、お客さんたくさん集めて、それで頑張っている。ぼくのそんな生き方そのものがメッセージだと思う。言葉でメッセージするんじゃなくて、生き方でメッセージする。それでいいんじゃないかと思う」

こうせつは完璧に達観しているようだ。

一山超えたビッグ・アーティスト・こうせつは、一山超えて、いろいろと葛藤して、その中から確かな方向性を自分で見つけ出した。それだけに、こうせつの目には一点の曇りもない。自分が幸福だと思うことを思う存分やろうとしている。

〈宇宙からの帰還　立花隆　中央公論社〉と書いた紙切れを別れ際に手渡すと、「明日帰る時にさっそく買って読んでみよう」とこうせつは言って、その紙切れを大切そうにポケットにしまって、青山通りに消えて行った。

堀内孝雄

イメージが自然に浸み出てくる時……

堀内孝雄が変わったという話をよく耳にする。「あんなにひょうきん者だとは思わなかった」云々。これは我々音楽関係者の間においての話だが、そう言う人々のほとんどはこれまでに何度か堀内に会っている。にもかかわらず、それでもびっくりしているということは、やはり変わった、ということだろう。

ぼくとても例外ではない。堀内とはアリス時代に何度も会っている。いつも谷村新司の陰にいて、こちらから尋ねないかぎり、よけいなことはいっさいしゃべらなかった。無口な男だと思った。

グループの中では、ひとりの人間の役割が自ずと決められてしまう。アリスの場合は、谷村がスポークスマン役で、堀内は何も発言しない時期があった。堀内は役割にあまりにも忠実でありすぎた。役割に合わせて自己規制につとめた。その結果、〝無口な男〟というイメージができあがった。加えて、アリスがスーパー・グループだっただけに、アリスの堀内のイメージは、そっくりそのまま堀内個人のイメージになってしまった。それだけに、一度固定してしまったイメージからの脱皮は難しい。

本当にやりたいことをやる

堀内がソロ・アーティストとしてスタートを切ったのは昨年の4月のことだった。4月25日にシングル「DON'T STOP MY LOVE」、アルバム『DAY BREAK』を発売し、同時にコンサート・ツアーも開始した。順風満帆かと思われた。しかし、アリス時代の堀内を知るファンは、新しいバック・バンド〝ラスト・ショー〟の弾き出す強烈なロックのビートにとまどいをみせ始めた。それは無理もないことだった。アリスと一転して、堀内のサウンドはハードなロックに変身していたからだ。ファンは眉をひそめながらも、堀内がやらんとしていることをひいき目で見て一生懸命理解しようと努めた。だが、それも限界になるほどイメージが変わりすぎていた。しかしながら、ファンのそんなとまどいを堀内はまったく気にとめなかった。堀内なりのポリシーがあったのだ。

「イメージが変わったと言われてもかまわない。ぼくはイメージ・チェンジを意図しているわけじゃないんだ。本当にやりたいことをやっているだけなんだ。これが〝今のオレだ〟ということを見せたいんだ」

アリスの後半はぶつかりあいの日常だったという。曲に対する考え方が堀内、谷村、矢沢透とでは違うようになり、3人とも抑えながらアリスの曲を作らなければならなかった。抑えて作った音楽は良くない――ジレンマに陥りながらも堀内はそう決心し、「辞めよう」と谷村と矢沢に切り出す。こんな背景があってのソロ・アーティストとしての始動だったので、やりたい音楽をやりたい、本当の自分を取り戻したい、と堀内が強く思ったとしてもなんら不思議はない。

「アリスに対するこだわりは、ぼく自身、まるで持っていません。持っているのは、むしろ周囲のほうですよ。今までは船頭が3人いて誰が櫓を漕いでいるのかわからなかった。自分で船頭になって、行きたい所へ行く。ただそれだけです」

人間は大人になるにつれて自分の役割を知るようになる。自己規制と言っても良い。それがなければこの社会の中で生きていくことはきわめて困難だからだ。堀内はアリスが解散してひとりになったとき、自己規制する前の本当の自分を思い浮かべる。子ども時代のこと、音楽の虜になっていた青春時代のことが甦ってくる。

意識の中に潜んでいたロック・ポップス

堀内は昭和23年10月27日に大阪府で生まれた。3人兄弟の末っ子だった。実家は大衆食堂をやっていた。堀内は幼少の頃、食堂でいつもひとりで遊んでいたが、物真似がとても上手かった。

「食堂だからたくさんの人が来るんです。ぼくはそんななかで歌が好きだったからよくうたっていたんです。そうすると、大人は面白がって『坊主、もっとうたえ。うたえば小遣いをやるぞ』と言って、ぼくは言われるままにうたっていました。三橋美智也の『古城』なんて得意でしたし、当時の首相・吉田茂の物真似なんか上手かったですよ」

ちょうどその頃、タクシーの運転手が借金のかたにステレオとレコードを置いていった。このステレオで歌謡曲を覚えることになる。とは言っても、歌が好きだったということにしかすぎないが。

堀内が音楽に明確に目覚めたのは、中学3年のときに、修学旅行で東京タワーに行ったときのことだ。

「東京タワーのジュークボックスでビートルズの『抱きしめたい』を聞いたとき胸さわぎを覚えました。バスドラの音が力強かったし、リズム、ハモリなどすべてがすごかった。それで家に帰ってからすぐにレコードを買いました。それ以前にも、ラジオで聴いてうすうす知ってはいたんですが、これがビートルズなんだと感じたのは東京タワーでした」

それ以降は、ビートルズの虜になり、ビートルズ・マニアの友人と狂いまくる。高校1年のときはサッカー部に入るが、2年のときに体をこわしてからは軽音楽部に入り、バンドのボーカルを担当する。

「たまたまボーカルしかポジションがなかった。最初にうたった歌は『500マイルも離れて』でした」

こうして堀内は音楽の世界に足を踏み入れる。

高校時代からグループを作って活動を始めた堀内は、大学生になると暇をもてあまし、一気に音楽活動にのめり込んでいく。京都産業大学に入学した年の夏から、友人のすすめでフォーク・グループ〝ピース・メーカーズ〟に加入する。このグループは、その年のヤマハ・ライト・ミュージック・コンテスト大阪大会でフォーク部門の第1位になる。ピース・メーカーズは翌43年に解散するが、解散する前にひとりでライト・ミュージック・コンテストに出たところ作曲グランプリを受賞した。この受賞が堀内にとって大きな自信となった。その後、〝フーリッシュ・ブラザーズ・フット〟というバンドを結成して、アマチュア・サークル〝ポート・ジュビリー〟に加入し、そこで谷村と知り合いになって〝アリス〟を結成する。

このように堀内の場合は、ビートルズから全てが始まっている。だから、どちらかというとロック、ポップス志向だと言って良い。

ソロ・アーティストになって、自分が本当にやりたいものは何かと考えたとき、潜在下にある昔のことが甦ってきたとしても、別におかしくはない。

それにしても。アリスの堀内とソロ・アーテイスト・堀内のイメージのギャップはあまりにもありすぎた。

〝今、何をやっているか〟がすべて

堀内のソロ・アーティストとしての第2弾アルバム『I AM PM』が5月25日に発売される。話題の映画『小説吉田学校』のテーマ曲「少年達よ」を含むこのアルバムは、前作『DAY BREAK』と比べると、ずいぶんと聴きやすくなっている。コンサート・ツアーのほうもアルバムにあわせたかのようにじっくりと聴ける。それこそ、従来の堀内のイメージだと言ったらいいだろうか。

1年前、あれだけアリスの堀内のイメージを払拭しようとした堀内が、なぜ今になってそれに逆行するようなことをやるのか？という疑問が湧いてくる。その疑問をストレートにぶつけると、堀内からは次のような答えが返ってきた。

「あの頃はソロになって、さあやるんだ、という気負いがあったので、状況を考えずに勢いだけでやってしまったという感じがする。とにかくオレはオレのやりたいことをやる。ついてきたい人はついてこいみたいな気持ちだった。しかし、コンサートが半分ぐらい終わった時点で何か〝違うな〟という気がしてきた。お客さんの反応とかスタッフの目の色を見ているとわかりますよ。どうもぼくがやっていることが上手く伝わっていないと。ツアーが終わって、秋、冬は単発の仕事しかなかったので、時間的に考える余裕が出てきた。そのとき、いろいろ考えたんですが、勢いで突っ走ってしまったぶん説明不足だったんじゃないかと思えてきた。ソロになった時点では、裏切ることが気持ちいいみたいに思っていたんですが、あまりにも急激に変えてしまったので、お客さんは変にとまどってしまったみたいですね。まあ、アーティストとしては自分の好きなことをやる、それでいいんですが、こういう仕事はそれだけでは通用しない。そこで今回はその反省の上に立って作ってみました」

とりようによっては堀内の言っていることは軟弱に聞こえるかもしれないが、堀内の真意は決して軟弱なところにはない。

それは堀内の次の言葉を聞くとわかる。

「ぼくは根本的には、受けていくら、売れていくらという考え方をしている。やっぱり、大阪の芸人なんですかね。とにかく、理屈は言いたくはない。拍手で証明したいというところがあるんです」

堀内は確かに大阪出身だが、大阪芸人というイメージはなかった。それも堀内に言わせると「露骨に出すことが嫌いなんです」ということになる。

ただひとつだけはっきりしていることがある。それは、〝過去の栄光〟にこだわらないし、しがみつかないということとだ。

「昔、何をやっていようがそんなことは関係ない。要は、今何をやっているかがすべてなんだ。だから、ぼくは若い人にも受けたいと思いますよ。若い人にこびるんじゃなくて今感じていること、今何をやっているかそれが大切なんだということを伝えたいね」

堀内は内に秘めた情熱を、まわりの状況をながめながらそれに対応してあくまで自然体で出していこうとしている。急いては事を仕損ずる――ではないが、堀内は勢いだけで突っ走ってしまったにがい1年前の経験を踏み台にして、これからは進んでいこうとしている。

無理して作ったイメージではなく、自然とにじみ出てくるイメージこそが、今の堀内には必要と言える。それができたとき、堀内は何の形容詞もいらない〝堀内孝雄〟というひとりの人間として、たくさんの人々に受け入れられることだろう。

長渕剛

新たなるステップを、今、踏み出せ！

また一から出直すよ

長渕剛と石野真子の離婚が去る5月18日に正式に成立した。昨年の1月23日、ハワイで挙式してから、わずか1年4カ月でふたりの結婚生活は破局した。

その原因は、芸能マスコミの報ずるところによると、長渕の真子に対する暴力、真子と長渕の母との〝嫁姑の確執〟ということだが、夫婦の間の出来事はしょせん第三者にはわからないもの。

それより、長渕はフォーク・シンガーらしく、そのあたりのことを歌にしてうたっているので、そちらを聴いてみたい。6月21日に発売されたニュー・アルバム『HEAVY GAUGE』の中に「わがまま気まま流れるまま」「すべてほんとだよ!!」「いかさまだらけのルーレット」という歌があるが、この3曲は長渕によると「離婚しそうだなという予感のもとに作った歌だ」という。それだけに、離婚にまつわる長渕の複雑な心情が透けて見える。

「わがまま気まま流れるまま」には、〝若いからこそできることだってあるさ　君と僕が見た空は高すぎた　若いからこそできることだってあるさ　わがまま気まま流れるまま〟というフレーズがあるが、ここには若いがゆえにお互いを包みこむ包容力が欠けていたことに対する無念さが感じられる。

「すべてほんとだよ」には、〝不思議だね　おかしいね　ああこのまま　ずっといっしょにいたいんだやっぱり僕は君を愛してる　um……すべてほんとだよ〟というフレーズが印象的だが、ここには別れなければならなくなったとはいえ、長渕の真子に対する永遠の愛が感じられはしないか。

この2曲を貫くトーンは〝哀しさ〟である。その哀しさは、理由はどうであれ、別れなければならなかった自分に対する深い後悔の念に裏打ちされているだけに、〝深い哀しさ〟という表現をあえて使わなければならないほどだ。この2曲には、長渕の真子に対する心情が吐露されている。

しかし、「いかさまだらけのルーレット」は前の2曲とは異なっている。これはふたりを裂く直接の要因となったと長渕が信じている〝ザ・芸能界の汚さ〟に対する〝怒り〟がストレートにうたわれている。〝全ては誰かが頭をひねったそいつのプランさ〟と告発し、〝ああ　どうせ地獄に堕ちろと言うなら、笑い転げてこのまま真っ逆さまに転げ堕ちてやるぜ〟と開き直り、さらに〝誰かゲームの館に時限爆弾をしかけてくれ〟と闘争心をむき出しにしている。

「ま、いろいろあったけど、また一から出直して、頑張るよ」

離婚のショックがさめやらぬ中で、長渕はポツリと一言もらした。そんな長渕に我々は「頑張れよ」と言うしかない。

『HEAVY GAUGE』は1stアルバム

さて、ニュー・アルバム『HEAVY GAUGE』だが、これは長渕にとっては『風は南から』『逆流』『乾杯』『Bye Bye』『時代は僕らに雨を降らしてる』に続く6枚目のオリジナル・アルバムである。にもかかわらず長渕は「このアルバムは〝アーティスト・長渕剛〟の1枚目のアルバムだ」と強調する。6枚目のはずなのに、なぜ〝1枚目〟なのか?と疑問に思う人も多いと思うが、それにはそれなりの理由はもちろんある。

長渕は身を乗り出して、言葉を選びながら話を始める。

「今までは新しいアルバムを作ってからツアーに出ていたんだけど、そんななかでいつも思っていたことは、ツアーを始める前に作ったLPの歌と、ツアーの最終日の歌とでは、差がありすぎるということだ。ツアーの最終日の歌のほうがはるかにいいんだよね。LPのほうは歌の表情が良くない。歌を歌としてしかとらえていない。そこで考えた。ステージの歌の表情はいいのに、レコードの歌の表情はなぜ悪いんだって……。いろいろ考えたら、カラオケ作ってから歌入れするじゃない。まず、そのカラオケがダメ。カラオケにあわせてうたうと、ビブラートをかけてどうしてもきれいにうたってしまう。それとリズム・ボックス、あれもダメ。味気なくなってしまう。あと、スタジオ・ミュージシャン、これもテクニックはあるけど、ただそれだけ……。で、どうする?と考えて、そして出した答えは、〝同録〟でやろうということだった。レコーディングの前にリハーサルをやって、バンドと一緒に歌入れもしてしまう。もちろん、リズム・ボックスなんて使わないし、ツアーのときのメンバーと一緒だから、コミュニケーションもとれている。こうしてできあがったのが、今度のLPだ」

長渕はこうして〝同録〟という形で今度のアルバムを作り上げた。同録とは、スタジオ・ライブみたいなもので、長渕とバッグ・アップ・ミュージシャンがスタジオに一堂に会して「せーの」と演奏し、それをそっくりそのまま収録してしまう。これに対して通常のレコーディングは、まずカラオケ録りといってリズム・セクションを単独に録っておいてその後、そのカラオケを流しながら歌入れを行なう。そのために、何度もやり直しはきくが、逆に、同録のような熱気は薄れてしまう。

長渕が通常のレコーディング方法をさけてなぜ〝同録〟という方法を取ったのか?についての説明は先に述べた通りではあるが、それをもっと突きつめると、たんなる方法論の問題ではなく、長渕の歌に対する〝ポリシー〟にたどりつく。

アイス麦茶を一口飲んで、長渕は静かだが熱い口調で語り始める。

「オレはライブが一番いいと思っている。感情が一番伝わるからだ。汗が飛び散り、動脈が浮き上がって生身の人間の姿がそこにあるじゃない。歌はやっぱり、そんな生身の人間がうたう〝肉声〟が一番だよ。それがどうだい？　最近はどのレコードを聞いても、みんな同じビブラートがかかってきれいで、みんな〝ふり〟が上手いんだよ。哀しい歌ならだれもが同じような哀しい歌になってしまう。おそらく『すべてほんとだよ』なんか、他の奴らがうたったらビブラートをかけて大そうな歌になってしまう。でも、それは嘘だとオレは思う。オレはあくまで、この歌の内容のように午前3時の雰囲気でうたいたいわけ。みんな同じになってしまって、それでもアーティストか？とオレは言いたい」

哀しい歌は哀しそうにうたえばそれで哀しい歌になってしまう。そういう風潮に対して長渕は強い拒否反応を示す。「そんなのフォークじゃない。本当のフォークっていうのはこういう歌なんだ」——この『HEAVE GAUGE』というアルバムを聞いていると、そんな長渕の叫びが聞こえてくる。だからこそ、「このアルバムは〝アーティスト・長渕剛〟の1枚目のアルバムだ」と長渕は言うのである。

一歩ずつ階段を上がってきた自信

来たる7月25日午後6時から埼玉所沢の西武球場で、長渕剛は〈SUPER LIVE in 西武球場〉というイベントを行なう。

長渕にとって野外でのイベントは初めてだが、もっと早い時期にやっていたとしてもおかしくはないと、ぼくは常々思っているし、長渕に会うたびにいつも言ってきた。だが、長渕はそのたびに「時期尚早だと思う」と言って身をかわしてきた。そんなとき、なぜだ？と疑問に思ったものだ。

長渕は、そのとき、やらない理由をこんなふうに語ったものだ。

「とにかく、歴史に残るイベントをやってみたいんだけど、それがわからないんだね。ただ逃げで言うんじゃないけど、オレたちの世代、昭和30年代っていうのは不幸だなって気がするんだ。前の連中が、みんなやってしまったってところがあるじゃない。今かりにオレが何かやっても、比較されちゃうんだよね。それは拓郎がやったじゃないか、みたいに。昔は手本がないという難しさはあったろうけど、逆に言えば、それだけやり易かったんじゃないかなあ。でも、その頃の話を聞くと、やっぱりオレなんかまだぺーぺーだと思えるしね……」

昨年の2月のことだった。

そんなふうに語っていた長渕だが、それ以降、6月6日に日比谷野外音楽堂で、11月29日と今年の2月21日の2日間、日本武道館で大きなコンサートを成功させて、そしていよいよ西武球場……ということになる。

イベントは時期尚早と言っていた長淵に、心境の変化があったのだろうか?

「前にオレがイベントはまだやらないって言ったのは、自分にはイベントをやるだけの器量が備わっていないと思ったからさ。サラリーマンの世界なら、ヒラから始まって係長、課長、部長、常務、専務、社長というきちんとした段階があって、それをひとつひとつ上がっていかないとどうにもならない。ところが、歌の世界っていうのは、売れる、売れないしかない。昨日までライブハウスで20、30人の客を相手にしていた奴が、1曲ヒット曲が出ただけで、次の日は2000人の前でうたっている。そんな世界だ。でも、オレは経験から言って、それは嘘だと思っている。2000人の客の前でうたうにはそれなりの器量が必要なんであって、それは1曲ヒット曲が出たくらいでできあがるものじゃない。やっぱりサラリーマンのように一歩ずつ自分で作り上げたものでないと……。だから、ヒットしている間は2000人の会場でできるが、ブームが去った後は客が集まらないということになる。オレはデビューして20、30人のライブハウスから始めて、その次は4、500人の小ホール、次は2000人の大ホールと一歩ずつ段階を上がってきた。そこで武道館っていうのがふつうなんだけれども、2000人から1万人は無理すればできないことはないけど、そんなのはすぐにバケの皮がはがれると思ったので、まず3000人の大阪フェスティバルホールをやって、さらに6000人の日比谷野音をやって、よしこれならということで武道館をやった。そして今度は西武球場。オレは無理しないで一歩ずつ階段を上がってきたという自負がある。西武球場が終わったら、その次はどこかの野外で〝朝までやろう〟のオールナイト・コンサート、今の段階ではそこまでは見えている。だが、その後は……。その後こそが、歴史に残るオレならではのイベントかなと思うけど、そのためにはまず西武球場を成功させないとね」

長渕は浮かれることなく、自分の器量、力量を着実に大きくすることに全精力を傾けてきた。ここが長渕の長渕ならではのところだが、それゆえに長渕が今後どんな〝生きざま〟をしていくのかが注目される。そのひとつの〝プロセス〟である〈SUPER LIVE in 西武球場〉——それだけに見逃すことは断じてできない。

上田正樹

ジャンルはいらん　オレはシンガーなんだ

「悲しい色やね」にうたわれる愛の強さ

上田正樹に正式に取材するのは初めてのことだった。むろん、何度か顔をあわせて面識はあったけれど、差しできちんと話をするのは初めてだった。

とは言っても、上田の存在を知らなかったというわけではない。昭和50年6月に、有山淳司と『ぼちぼちいこか』というアルバムでレコード・デビュー以来、彼の活動はつぶさに見て来ている。今から7、8年ほど前の上田正樹とサウス・トゥ・サウスは本当にすごかった。今でも瞼を閉じると、日比谷野外音楽堂などたくさんのコンサートでの彼のステージが鮮烈に甦ってくるほどだ。

当時の彼はエネルギッシュで本当にすごかった。だが、不思議なことに、ぼくは、それでも彼に会ってみたいという興味は一度たりとも持ったことはなかった。

なぜか?

今、よくよく考えてみると、彼のステージはすごかったが、彼の歌がぼくのハートをとらえたことがないからかもしれない。そういえば、彼のステージの模様は鮮烈に甦ってきても、どういうわけか、彼がどんな歌をうたっていたのかはまるで思い出せない。

そんな彼に今回なぜ会ってみようと思ったのか？　それは「悲しい色やね」が売れてきてタイムリー

だから、ということはある。しかしそれだけではない。最大のポイントは「悲しい色やね」という歌にショックを受けてしまったからだ。

最近、ニューミュージックシーンは沈滞している。少しも面白くはないし、これだと心がわくわくするような歌にめったにおめにかからない。

そんななかで、「悲しい色やね」は群を抜いている。どこが素晴らしいかというと、この歌にうたわれている女性に尽きる。

この歌の中に、〝おれのことが好きか　あんた　聞くけど HOLD ME TIGHT そんなことさえわからんようになったんか〟というフレーズがあるが、この内容には実に深いものがある。女の愛を信じられなくなった男に、信じることさえもできなくなってしまったのか、と嘆く女。いや、ここにうたわれている女が素晴らしいのはただ嘆くだけではなく、〝夢しかないよな　男やけど　一度だってあんた　憎めなかった〟と言って、大きな愛で男に〝何か〟をやらせてあげようと思っていることだ。この歌を聴いていると、愛という武器で、お互いをしばりつけてしまうことのばかばかしさを教えられる。本当の愛とはしばりつけることではなく、相手に自由を与えてあげることなのだ。ふと、そんなことを考えてしまう。

こんなに素晴らしい歌がうたえる上田――会ってみたいと思うのが当然だろう。

午後8時半きっかりに上田正樹は、代々木上原駅近くの〝YA‐YA〟というスナックに現われた。初対面に近い緊張感が感じられた。取材は水割りを飲みながら、まずあたりさわりのない話からスタートした。

「『悲しい色やね』は昨年の10月21日に発売されて半年経ったあたりからじわじわと売れてきたんだけど、あの歌、なんで売れたんですかね？　何か特別なことがあったんですか？」

と尋ねると、彼は静かな口調で話し始めた。

「いや、何もなかったでしょう。初めのうちは、大阪の有線でぽつぽつとリクエストがあって、誰がうたっているかわからんけどいい歌みたい……。で、耳から耳へ、口から口へと伝わって、盛り上がってきたのは、今年の3月頃からですね。家の近所で飲んでいたら、有線から流れてきたり、パチンコをやりにいくとかかったり。でも、売れてるという自覚はないですね。レコード屋に行ってレコードを買って行く人を横で見ているわけじゃないから。だけど、うれしいことは確かだし、わくわくする出来事だというのは事実ですね」

サウス・トゥ・サウス〜R&Bに背を向けた訳は……

話が始まって、緊張感がいくぶん取れたところで、ぼくは本音で聞きたいテーマの伏線を張ることにした。

「悲しい色やね」が売れての盛り上がり方と、上田正樹とサウス・トゥ・サウスがアンダー・グラウンドからオーバー・グラウンドへ浮上したときの盛り上がり方の違いを尋ねてみることにした。

「あのときは、コンサートは盛り上がっていたけど、レコードは売れなかったんと違うかな。だってオレ、日比谷野音でコンサートをやったとき、レコード会社の人に、見に来てる人はレコードを買ってくれない人、と言われたもん。それはそうだな。あの頃のお客さんは、みんな髪が長くて貧しそうだったもの」

サウス・トゥ・サウスの話が出たところでサウス・トゥ・サウスを解散してソロ・シンガーになって、ガラリと変わってしまったのはなぜか？という疑問点をぶつけてみた。

上田正樹とサウス・トゥ・サウスは人気絶頂期の51年5月に〝突然〟解散してしまった。そして翌年の9月に上田はキティレコードに移籍して『上田正樹』というソロ・アルバムを出した。サウス・トゥ・サウス時代の上田はあくまでR&Bを前面に押し出していたが、ソロ・アルバムでは、R&B臭が取れてなぜかきれいになってしまった。上田らしくない、とがっかりしたことを覚えている。それ以降、55年まで彼はアルバム『PUSH &PULL』の他に4曲入りLPやシングルを何枚か出しているが、いずれもポップな感じだった。

と同時にサウス・トゥ・サウス時代に人気者になった彼の人気は、転がる石のように落ちていった。サウス・トゥ・サウスを解散させないでもう少し続けていたならば、もっと人気を得ることができたのに――。あえて解散させて、しかも、イメージ・チェンジして人気を落としてまでやる必然性があったのか？　ぼくならずとも、その辺は疑問に思うところである。

実は、今回の取材のテーマは、この一点にあったと言って良い。

酒も入り、雰囲気も和やかになったところを見計らって、その疑問点を思い切ってぶつけてみた。

「変わったってよく言われるんだけど、何も変わってなんかいない。変わったって、そんなのわからへんもの。ただ言えるのは、まわりでやる人が変わってきているから、昔といまとでは音が違うのはあたりまえだということ。でも、オレの歌は昔も今も何も変わってはいない」

上田は、同じことをまた聞かれた、と一瞬ムっとした表情になり、少しばかりいらつきながら話した。水割りをぐっとあおってしばし沈黙してから、また話し始めた。

「オレの場合、R&Bのコピーから始まったわけや。今の人はやり始めてすぐにオリジナルをやるけど、オレたちはコピー、それが好きだった。オレなんかオーティス・レディングやレイ・チャールズなどR&Bのアーテイスト10人ぐらいを徹底的にコピーした。そうしたら、あるとき、臭い雑誌で上田は〝日本のオーティス・レディング〟だと書かれた。そのときは、わあー、オレは日本のオーティス・レディングだと、本気でうれしかったし、それで満足だった。だが、だんだんそれじゃあ満足できなくなった。オレはオーティス・レディングじゃなく上田正樹だと思うようになり始めたから。

そう思っているときに、ちょうど徳間音工の人からレコードを出さないかという話があった。その頃オレたちはちょうど赤坂のMUGENに出ていてR&Bのコピーばっかりやっていた。レコード会社の人は、今やってるものでレコードを出したいと言ってきた。しかし、オレは断わった。コピーでレコード出しても面白くないから。

で、オレは有山淳司とやりたいと言った。有山はサウス・トゥ・サウスのメンバーだったけど、MUGENでは出番がなかったので楽屋でポーカーばかりやってた。有山とやると言っても、オリジナルなんか1曲もなかったけど、あわてて作って、それでできあがったのが『ぼちぼちいこか』というアルバムだった。

こうして作ったアルバムだったけど、ものすごく臭いと言われた。それはしかたがないじゃないか。オレは10年間もR&Bのコピーをやってきたから、もう身にしみついているというか、中に入ってしまっている。オレがなぜ10年間もコピーを徹底してやったかというと、自分のルーツが欲しかったからだ。日本人は宴会以外何もできない人間だと思っていたから、自分の根を作ってしっかりとした基盤に立って、それからいろいろなことをやりたいと思っていた」

R&Bのコピーは自分自身の中に深いルーツを作るためだった。では、そのルーツの上に立って、きわめてR&B臭のある大阪弁のロック、通称〝浪速ロック〟を完成したのに、なぜサウス・トゥ・サウスを解散させてしまったのか？

「サウス・トゥ・サウスの昔のマネージャーに会ったとき、あのときもう少し続けてたら儲かったかもしれないと言われたけど、サウス・トゥ・サウスは創作に完全に行き詰まっていた。それはいろいろなオリジナル作ったけど、今考えてみると、あれはオリジナルではなくただのアイデアだったと思う。サウンドとビートがあったけど、歌はなかった。そう思うな。あの頃は今のように音楽を楽しめないで、苦しんでいた。結局、狭い領域から脱出しようとして、いつも大きな壁にはばまれてしまっていた。

コンサートにしたって、末期の頃は、もうくりかえしのワン・パターンになってしまっていた。出て行って盛り上げておいて、バラードで聴かせてみたいな。だから、につまっていたことは事実だった」

では、マスコミにほとんど登場しなかったキティ・レコード時代はどうだったのだろうか？　本人の考え方はわからないが、一般的に見ると、キティ・レコード時代の上田は完全に失速状態にあり、いうなら売れていなかった。いったい、この時期、彼は何をして、何を考えていたのだろうか？

「外から見れば、こいつダメだな、何をやっているんだろう、と見えたかもしれないけど、それはそのときオレがたまたま情報社会の中に入らなかっただけで、きっちり音楽はしていましたよ。今はたまたまそういうニーズがあるから出て来ているだけで……」

そう反論してから、上田は熱っぽく話し始めた。

襖1枚向こうには演歌がある

「キティ時代は本当にいい時期だったと思う。サウス・トゥ・サウスに移籍の話が出てた頃、多賀さん（多賀英典キティ・レコード社長）が北海道ツアーにまで来てくれて、やりたいとは言わなかったけど、『はっきり言って、詞もメロもダメだけど、オレはお前の声を気に入っている。何年かかっても、お互いが心のふるえるような歌を作ろう』って言ってくれた。ずいぶんきついこと言う人だなと思ったけど、つきつめて考えればその通りだし、それで多賀さんと一緒にやることにした。キティに行って良かったのは、多賀さんがいろいろな人に会わせてくれたこと。ツトム・ヤマシタとセッションしたし、スタッフやジミー・クリフにも会ったし、ジャズの人ともセッションしたりして、フォームにとらわれずにやることができた。

そんななかで思ったことは、いろいろなものを勇気を持って取り入れたいということね。ある時期サウス・トゥ・サウスの余韻が強すぎて、それを断ち切るためにあえてR&Bに蓋をしてしまった時期もあったけど、オレはシンガーなんだ、と本当に自覚したとき、そんな蓋は必要ないと思ったし、いろいろな柵も必要ないと思った。昔は演歌なんてと思っていたけどそんな柵も今は取っ払っている。襖1枚むこうには演歌がある。それはいつでも破れるけど、でも、あえてしきっておきたい。そんな感じかな」

襖1枚むこうには演歌がある——これは実に含蓄のある言葉である。

サウス・トゥ・サウスを解散して、キティ・レコードへ移籍、さらに56年9月にはCBS・ソニーに移籍（移籍しても所属事務所はキティ・アーティストと変わらず）してから今日までの試行錯誤の時代——そのなかで彼が得た結論は、まさしく《襖1枚むこうには演歌がある》である。

だからこそ、彼は今自信を持って、こんなふうに言い切れるのだろう。

「デビューしてすぐ売れるんじゃなくて、今売れたからこそラッキーだと思う。だって、今までだったら、オレ何やってんの？という迷いが常にあったけど、今だったらオレはシンガーだ、オレは上田という音楽をいつもやりたいんだ、ということがはっきりわかっているから……」

上田と話をしてみて、年季の入っている人はさすが違うと思った。肝心なことは、やはり自信を持って自分の生き方を捜すことだということを教えられた気がした。

だが、それにしても、上田というとすぐに関西というイメージが強いが、それがよく狭い領域に固まらずに、いろいろなものを取り入れてシェイクして、今の音楽を作れたものだ。

「オレは別に大阪に固執しているわけじゃない。オレはもともと転校生で、初めから言うと、京都で生まれて、姫路に行って、小学校4年から中学3年までは飛騨高山、高校は岐阜と姫路、高校を中退して京都に戻って、それから大阪、大阪に行ったのは18歳ぐらいかな。で、東京に出て来たのは52年。だから大阪にいた時期っていうのは期間的に言うと東京にいる時期と変わらない。でも、今でも関西弁が抜けないのは、それだけ大阪の印象が強烈だったんじゃないかな。東京はアクがないからナイズされない。オレはもともとナイズされやすいほうだから、東京にアクがあればとっくにナイズされている。いうなら、大阪はR&Bと同じで、オレにしみついているという感じかな……」

R&B、大阪を身についたルーツにして、上田は〝上田正樹〟というシェイカーを使って、これからも勇気を持って、どんどん新しいものを吸収したうえで、上田ならではの歌を作っていくことだろう。それが上田正樹の生きざまと言える。

チャゲ&飛鳥

新しい頂を目指して

2年振りにチャゲ&飛鳥に会って

チャゲ&飛鳥に取材をするのは2年半ぶりのことである。

2年半も取材をしなかったといって、別に彼らを評価していなかったというわけでは決してない。いや、それどころか、この間に発売されたセカンド・アルバム『熱風』、サード・アルバム『黄昏の騎士』をぼくほど高く評価していた者はいないほどだ。

〈「万里の河」が大ヒット中のチャゲ&飛鳥のセカンド・アルバムである。（略）それにしても、大陸的なスケールの大きいメロディといい、ふたつの異なるメロディを同時にうたってうねりを発している独特のハーモニーといい、チャゲ&飛鳥のオリジナリティは並大抵のものではないようだ。〉（新譜ジャーナル昭和56年4月号）

〈脂が乗り切っているアーティストは予想以上に素晴らしいアルバムを作るものだ——チャゲ&飛鳥のサード・アルバムを聞いているとそう思えてしかたがない。（略）チャゲ&飛鳥の力が拮抗することによってバンドとしての力はこれからまだまだ伸びそうである。その意味で、このアルバムは特筆されるべき好アルバムと言える。〉（新譜ジャーナル57年4月号）

以上は新譜ジャーナルに書いた彼らに対するぼくのレコード評だが、いずれも高く評価している。この時期「万里の河」の大ヒットを機に、彼らは上り坂を迎えており、とても良い状態だった。ということは、書き手であるぼくにとって、彼らはビジネス的にかっこうの対象、であった、にもかかわらず、ぼくは彼らと一緒に仕事はしなかった。なぜか？　一言で言うと、彼らとぼくのバイオリズムがあわなかったということだが、もっとはっきりと言うなら、彼らとぼくとの間に〝必然性〟がなかったということだろう。

ニューミュージックはこうあるべきだという〝あらまほしき理想像〟がぼくの頭の中にはある。それはぼくのポリシーと言ってもいいだろう。そのポリシーを曲げることなく、自分の道を歩いているというプライドがぼくにはある。一方、自分のポリシーを貫いているアーティストがいるとすれば、いずれ出会うときはある。そのときこそ、ぼくにとってそのアーティストが必要であり、逆に、そのアーティストにとってぼくが必要なのだ。そんな自信があるからこそ、相手が売れているからといってむやみやたらに取材を申し込むなどという愚は犯していないつもりだ。どんなアーティストに対しても、その姿勢は一貫している。それは松山千春、さだまさしに対しても同様である。

それがぼくの評論家としてのポリシーだ。しかしながら、これは言うは易しいが、実行することはなかなか難しい。

これはどういうことかというと、アーティストが批評されることに慣れていないからだ。いや、慣れていないというか、売れてくると〝お山の大将〟になってしまって、自分に対する批評には耳を貸したくないというか、臭い物にはフタをして、偽りの心地良さの中に引きこもってしまう。この間も、雑誌やラジオで、ある大物アーティストに対して本音を吐いたら、それを気にしてか、ちらっと会ったとき、挨拶がわりに「今度ゆっくり話しましょう」と言ったら、逃げるような態度で、「いや、あなたとは話すことは何もありません」と言って、さっさと行ってしまった。

逃げるようにして去って行く彼の後ろ姿を見てあいつもしょせんはあの程度の男か、とぼくは悲しくなった。いくらコンサートの観客動員の記録を持っているグループだったとしても、大したことはないなと思わざるをえなかった。

アーティストは売れるとなぜ無条件に自分をほめてくれる人だけを身のまわりにおこうとするのだろうか？　お山の大将でいることは気分のいいことには違いないが、ロング・レンジで考えると、必ずそれは墓穴を掘る要因になるものだ。雑魚を集めてお山の大将になったところで、それがどうしたというのだ。自分に対して正当な批評をしてくれる人を敬遠して本当に〝ビッグ〟になれると思っているのだろうか？　そんな奴はしょせん人間的には二流でしかない。

取材をするということは、それだけで批評の入口である。今回、2年半ぶりにチャゲ&飛鳥に会ってみようと思ったのには、もちろん、それなりの理由がある。

第1期を終え、第2期へ

ニューアルバム『21世紀』を聞いたとき、オヤッ？と思わざるをえなかった。8月号のレコード評に書いたことだが、彼らはこのアルバムで確実に新境地を切り開いているように感じられた。いうなら、これまでの彼らは野球にたとえるとストレート1本やりの速球派のピッチャーだったが、このアルバムからは変化球を主体にするピッチャーに変わりつつあるということだ。速球派ピッチャーは三振をバッタバッタと取るのでスカッと気持ちがいいが、ワン・パターンなので飽きもくる。それに対して、変化球を主体とするピッチャーは、速球派のような豪快さはないが、技の巧みさや芸に細かさがあって奥の深いところがある。

速球派ピッチャーから変化球派ピッチャーへ、その変わり身の背後にあるものは何なのか？　それを知りたいと思った。

　インタビューの待ち合わせ場所にはチャゲが一足早く来ていた。ハワイで焼いてきたという肌は黒光りをしていて目を見張るほどだった。

「今度のアルバム、だいぶ感じが変わったね」

　と、水をむけると、チャゲはエネルギッシュに話し始めた。

「今度のアルバムは4枚目のオリジナル・アルバムなんですが、思い切って、チャゲと飛鳥の色を出してしまおうと思って作ったんです。その結果、頭の曲『自由』やラストの曲『0 Domine』など、えっ？というようなものもできたんですが、これまでのぼくらのイメージから離れたことをやろうと思ったことは事実ですね。これは今年の前半、半年間初めてコンサート・ツアーを休んだことも関係があるんですが……なぜ半年間も休もうと思ったかというと、デビューしてから3年間は何があってもやろうと飛鳥と決めていたんです。とにかく、いろいろ考えないで、力の続くかぎり突っ走ろうって……。その結果ヒット曲も出たし、大阪城をはじめとする野外イベントもできたし、チャゲ&飛鳥といえば、エネルギッシュでパワフルで汗が飛び散るすごいバンドだというイメージもできた。それはそれでうれしいんだけど、4年目を迎えて、今度これから3年間やるためにはどうしたらいいか?と考えたとき、ワン・クッションおいて、どうしたら一番いいのか、自分たちなりに考えてから、また、やり始めようと思ったんです」

　話がはずみ佳境に入ろうかというときに飛鳥がやって来た。さっそく飛鳥にも本題をぶつけてみた。ぶしつけの質問だったにもかかわらず、精神的にアーティスティックな高まりがあるためか、飛鳥の口調はなめらかだった。

「この3年間はチャゲ&飛鳥をたくさんの人に知ってもらうための戦いでした。もちろん、その中でいろいろ悩んだこともあります。だが、そんな悩みも若さのエネルギーで吹き飛ばすことができた。そして、昨年の大阪城をはじめとする野外イベントでは、チャゲ&飛鳥ここにあり！という印象を与えることができたと思っている。はっきり言って、ぼくらにとって第1期は終わった。で、第2期はどうするかと考えたときに、存在を知ってもらったぼくらがどう変わっていくのか、それを今度はたくさんの人に見てほしいと思った。これまでぼくらのコンサートといえば、発散して終わりという感じだったが、これからは家に帰ってジワーっと感動が甦ってくるような、そんなものにしたいと思っている」

まだまだこれから

彼らはデビューして3年間が経って、そのなかで彼らの地盤は確実に築いたと思っている。だからこそ、その地盤の上に立って、新しい何かを作り出そうとしている。

これは言うは易しいが、実行するは難しいことである。なぜなら、チャゲ&飛鳥のイメージは確立してしまって、多くのファンはそのイメージをどこまでも求め続けるのに対し、彼らはそのイメージからの脱却をはかろうとしているからだ。彼らとファンの間で、彼らのできあがってしまったイメージに対するせめぎ合いが、これから始まる。

ひとときの安定を求めるつもりならば、できあがったイメージを大切にして波風を立てないようにすれば良い。だが、それは同時に、守りにまわることだけなので、尻すぼまりを意味している。

現役とは常に変わり続けることだ。とすれば、ひとときの安定を求めることなく新しい〝何か〟にむかって変わろうと決意した彼らのほうが、危険性を孕んでいるけれども、将来的には期待できることになる。

「まだたった3年ですよ、3年。これから3年、6年、いや、10年間やろうと思ったら過去にしがみついていたってしかたがない。常にいい詞を書いて、いい曲をつけて、いいレコードを作って、いいコンサートをやる。そうしていれば、振り返ったときに、いい実績が残っていると思うし、それがぼくらの道ではないですか」

飛鳥はそう言って、ふっと言葉を切った。そして、「9月30日の代々木プールのイベントにはぜひ来て下さい」と言った。

田園コロシアムも大阪城も行かなかったが、代々木プールにはぜひ行こうと思っている。

金メッキからいよいよ銀に変わろうとしている彼らの姿が見えるからだ。変わることで、いっとき表面的なパワーは落ちるかもしれない。しかし、内的なエネルギーとパワーはそれに反比例して充電されるはずだ。そして、いつか爆発する。その日が来ることを信じているからこそ、あえてこの時期に、ぼくは彼らに会おうと思ったのだ。

変わり続けることこそ現役の挑戦者の生きている証である。

永井龍雲と鈴木一平

今、大きく甦る！　二人の男達

何があってもやりたいことをやる――永井龍雲

敗者復活戦で甦ろうとしているふたりの男がいる。これはそんな男たちの物語である。

永井龍雲は昭和58年4月に長年住み慣れた福岡市を離れて上京、西麻布のマンションに住居をかまえた。

53年3月25日に「想い」でレコード・デビュー以来5年間、彼は地元・福岡市を拠点にして音楽活動を続けてきた。福岡市に生活の基盤を置き、仕事のあるときは出かけて行った。彼の所属事務所は〝くすミュージック〟で福岡市にあった。この事務所は本来九州全域のコンサートを仕切るイベンターだったが、アマチュア時代の龍雲に出会い、その音楽的才能に惚れ込んだ岡本勝時社長が、龍雲のためにマネージメント部門を新設した。こうして龍雲とくすミュージックの二人三脚が始まった。

そしてそれは、それなりの成果を十分にあげることができた。

しかし――。

龍雲の状況は、くすミュージックとの決別を意味していた。

と同時に、それは龍雲にとっても大きな〝賭け〟だった。

その辺のいきさつを龍雲はこんなふうに語る。

「やっぱり、このままでは終わりたくはないという気持ちだったと思うんですよね。福岡にずっと住んで、あのスタッフで作るということは、たぶんぼくにとって一番居心地がいいし、また自分のわがままも一番通るところだったと思うんですね。あのときはまだ音楽的にコンサートをやれないとか、そこまでの危機じゃなかったから、別にそういう面では、そこにいれば済んだと思うんですけど、ただ自分のやりたいことというのが、一番になりたい、もっとお金を儲けたいという気持ちというのがありましたからねえ。だからマイナスでは物事を考えたくはなかったという部分があったんですよね。馴れすぎた関係のなかでの、お互いの〝別に言わなくてもわかる〟みたいなこと、結局刺激みたいなものが、自分にとってあまりなくなってきたというのが一番強かったと思うんですよね。そういうぬるま湯で、ここにいて何かやっていくというのは自分にとってマイナスだし、周りにも失礼だという気持ちがえらくあったんですよね。だから、ぼくは割り切って、風あたりがどんなに強かろうとも、自分のやりたいことは自分でやろうと思って決意したんです」

この話からわかるように、ケンカ別れではなく、要は龍雲のアーティストとしての〝メンタル〟な問題である。

龍雲はアマチュアのときから「井上陽水のようなスーパー・スターになりたい」と思ってきた。その夢を達成するためには、そこそこのスターで甘んじている〝現状〟にがまんならなかったのだ。

「で、いろいろ話をしていっても、ぼく自身は上に向かって物語を見てても、スタッフはどうしても悲観的に物事を見ちゃう。その辺のギャップというのがどうしても耐えられませんでした。それで決めたんです。ぼくは何があっても、自分でやりたいことをやるんだって……」

スタッフはアーティストと違って、常に現実を把握して理論的に物事を見ていかないと破綻してしまう。そんなことは百も承知はしていても、龍雲はあくまでアーティストだった。現実を把握するより夢を追いかける性質の人間だった。

上京した龍雲は、ゼロから出発するつもりで自分で事務所探しから始めた。自分の音楽を認めてくれて、自分のポリシーに賛同して一緒に仕事ができる事務所が条件だった。その結果、所属事務所は相良オフィス、レコード原盤権及びコンサート・ブッキング権はミュージカル・ステーション、音楽出版権はオフィス・ピープルというふうに新しいスタッフが決まった。

新しいスタッフによる第1弾レコードは、今年の1月21日にシングル「マイ・ハート」、2月21日にアルバム『STAND BY…』として発売された。そして3月中旬から5月いっぱいまで全国20カ所に及ぶコンサート・ツアーも開始された。

「水鏡」のヒットがもたらしたもの――鈴木一平

昨年秋、鈴木一平は札幌にあるヤマハ・JACKスタジオに毎日こもりきっていた。ふつうレコーディングは東京のスタジオでするものだが、彼は仲間のミュージシャンを集めて、陣頭指揮で納得のいくまで、何日間もレコーディングを続けた。発売日もなにも決まってはいなかったが、彼はとにかくアルバムを作らなければならないという使命感でいっぱいだった。気がついたときには18曲のデモ・テープができあがっていた。

そのときのことを振り返って彼は語る。

「アルバムの良し悪しは別として、オレはとにかくアルバムを作らなければならないと思った。それが発売されるかどうかなんてことは二の次だった」

彼にアルバムを作らなければならないと駆りたてたものは何だったのか？　それには伏線がある。

彼は55年4月に「時流」でデビューし、同年8月発売の「水鏡」で脚光をあびた。哀愁を帯びたボーカルが魅力で抒情派フォークの旗手と呼ばれたものだ。同年10月にファースト・アルバム『北緯43度』、翌56年9月にセカンド・アルバム『IPPEI　Ⅱ―今は誰に語ろうか―』を相次いで発表し、〝鈴木一平・抒情派フォークの世界〟というべきものを確立する。

ここまでは順風満帆だった。ところが、である。そんな彼の活動が急ににぶり始めたのだ。57年1月に発売された「雨の糸」は前評判が良かったにもかかわらず、結果は芳しくはなかった。このあたりから翳りが見え始め、翌58年になると、なおさら鮮明になった。

彼は57年、58年の2年間、結局アルバムを1枚も出さなかった。わずかにシングルを3枚出しただけだった。

彼の名前は自然と忘却の彼方に忘れ去られようとしていた。

そんなときに、「ひとり唄」が発売された。昨年の10月21日のことだ。久しぶりに彼ならではの抒情派フォークで心にグサリと突き刺さるものが感じられた。忘却の彼方にあった彼の名前が再び甦ってきた。そして、2年5カ月ぶりのニュー・アルバム『北駅』が今年の2月21日に発売された。

『北駅』が発売されるまでの空白の2年5カ月――それは2年5カ月間もの間、アルバムを作らなかったのではなく、作れなかったのである。

彼は49年11月に〝ラビ〟というグループでデビューしたが挫折。5年後の55年4月に29歳で1児の父親になっていたにもかかわらず再デビューした。そして「水鏡」のヒットで〝敗者復活戦〟を見事に勝ち抜くことができた。ラッキーだったと言っていいだろう。彼の5年間の血のにじむような苦労がやっと報われたのだ。「やった！」――彼はそう思ったはずだし、と同時にそれまで張りつめていた緊張感がプツリと切れてしまったとしてもなんら不思議はない。

「水鏡」のヒットが彼の状況を変え、彼はチャンスだと思い、がむしゃらに突っ走る。しかしながら、心のどこかに〝すきま風〟が吹いていることも事実だった。それまでになかった余裕が知らず知らずのうちに心を蝕み始め、気が付いたときにはエネルギーを失くしてしまっていた。

しかし、幸運だったのは、そんな自分自身に気づき、彼自身が「これではだめだ」と思ってやる気を取り戻したことだ。

余裕からくる心のふとしたゆるみが安易な方向に自分自身を流してしまう。札幌でのレコーディングは、それを吹っ切るためのものだった。

永井龍雲と鈴木一平――ふたりにはこれといった接点はない。だが、くしくもこころという〝メンタル〟な部分においては、アーティストとして共通な体験をしたようだ。その体験を通して、ふたりは共に「やらなければ……」という強い想いを得ることができたのだ。
龍雲は言う――「この3年間は急に曲がり角にきたような感じで、自分の軌道にあわせるまでに時間がかかってしまったが、時代とオレのバイオリズムがなんとか合ってきたようだ。だからこそ、永井龍雲というアーティストのオリジナリティが良かれ悪しかれ、これまで以上に出てくるような気がする。いろいろ悩んだけど、今までの視点はやはり間違ってはいなかったとオレは思っている。オレの歌を必要としている人はきっといるはずだ。オレは今、自信を持って自分の視点で歌を作ってうたうのだ」
鈴木一平は言う――「今まで『水鏡』にこだわっているオレがいた。そのこだわりを取り払うためにも今回のアルバムは北海道ですべてを作り上げる必要があった。なぜなら、これからもオレは北海道が奏でるリズムをうたい続けていくつもりだから。そして今オレは自由になった。今では抒情派フォークということさえ意識はしていない。オレの歌はオレの歌だという思いが強いし、それでいくしかないと思っている」

ふたりが敗者復活戦で勝ち抜き、勝者組に復帰する日はそう遠くはないだろう。

中原めいこ

時代を担うニュー・ホープ

昭和57年4月に発売された「今夜だけDANCE DANCE DANCE」は、ちょっとした衝撃だった。ラジオからたまに流れてくるサウンドは我々の心のどこかに住みついた。そして後に、同じサウンドをテレビのCMとして聴いたとき、ブラウン管にクレジットされた〝中原めいこ〟という歌手の名前を誰しもが記憶したに違いない。

その後、彼女はアルバムを作るたびに成長を続け、昨年の9月に発売したサード・アルバム『ミント』でその世界を確立した。それは驚きでもあった。

彼女のポップスはこれまで主流を占めてきたものとは多少ニュアンスが異なっている。ポップス――特に女性アーティストの場合、リズムよりメロディを中心としたサウンドが多かった。なかにはもちろんリズムを前面に押し出したアーティストもいたが、それはどちらかといえばロックに傾倒していったようだ。ところが、彼女の場合はリズム感を大切にしながらも、どこまでもポップなのだ。これが実に新鮮な印象を与える。

そして今では、その人気は大学生を中心にしてどんどん広まりつつある。学生たちのサウンド・ライブラリィの中に、彼女のレコードないしカセット・テープを見かけることが多くなった。親しみ易いメロディ、心地良いボーカル――黙っていても彼女のファンは増えていくだろうと予想されるとともに、彼女に対する期待感が日増しに高まりつつある。

というのは、ユーミン以降、何度か女性シンガー・ブームが起こって、そのときどきにたくさんの女性シンガーが生まれたが、それでもなお、松任谷由実、中島みゆき、五輪真弓、イルカの〝4強〟の牙城を崩せないのが現状であるからだ。なぜ、そうなってしまうのか？　それは、たとえヒット曲は出せても、そのオリジナリティにおいて、彼女たちをしのげる者がいなかったからだ。いつまでも4強時代が続いてはニューミュージック・シーンは活性化しない。誰か時代を担うようなニュー・ホープはいないものか？　そんな状況の中で、中原めいこがクローズ・アップされてきたのである。

ビッグ・チャンス

今年もまたCF界最大の話題〈資生堂vsカネボウ〉の真夏の対決がくり広げられる。資生堂は〝この夏その気〟をキャッチ・コピーにして18歳のフランス女性をモデルに起用、一方、カネボウは〝君たちキウイ・パパイヤ・マンゴーだね〟をキャッチ・コピーにして22歳の日本人女性をモデルに起用した。いずれ劣らぬ美人でどちらがスターになるのか興味はつきないが、それとともに興味をそそられるのがいつもながらそのキャンペーン・テーマのほうである。

資生堂・カネボウの夏のキャンペーンといえば、これまでに数えきれないほどのヒット曲を生み出してきたが、今年ラッキーにも白羽の矢を立てられたアーティストは、資生堂が大沢誉志幸、カネボウが中原めいこで、それぞれ「その気ミステイク」、「君たちキウイ・パパイア・マンゴーだね。」を発売する。おそらくふたりとも間違いなくスターになっていると思われる。

アーティストとして〝最高のチャンス〟を得た中原めいこ——彼女は、カネボウのCMに賭ける意気込みをこんなふうに語っている。

「ビッグ・チャンスだと思っています。だから、曲を作るときは〝ヒット〟ということを強く意識しました。かと言って、資生堂のCMをうたう大沢誉志幸さんを気にはしませんが……彼は彼、私は私だと思っていますから……」

期待のホープには正当なチャンスが与えられるということはいいことだ。そのチャンスを彼女はきっとものにするに違いない。

こう書くと、彼女はいかにも〝シンデレラ・ガール〟というイメージが強いが、そんなことはない。ここまでたどりつくためには、それなりにイバラの道を歩んで来ているのである。

アイドル歌手を断念したこと

彼女はもともとはアイドル歌手志望だった。

だからこそ、彼女は中学3年生のときに〈鈴木邦彦ポップス・スクール〉に入学した。ここで勉強をして、スカウトされるのを心待ちにしていた。同期生には大場久美子がいた。結局、彼女は高校を卒業するまで4年間ほどこのスクールに在籍して辞めてしまう。辞めるということはアイドル歌手になることをあきらめるということだった。

なぜか？　その辺の理由を彼女はこんなふうに語っている。

「チャンスをつかめると信じていました。でも結局、デビューはできませんでした。テレビの歌番組でコーラスガールをやったことはありましたが……。正直に言って、辞めようと思ったのは自分はタレント向きじゃないと思ったからです。同期の大場久美子ちゃんなんか見ていると、私はアイドルにはなれないと思わざるをえませんでした。この曲はキミに似合うよと先生に渡されても、私は上手くうたいこなすことができませんでした。こんな曲は嫌だなあっていう趣味が出てしまったりして……。ところが久美子ちゃんなんかはどんな曲でも実に上手くうたいこなしてしまう。そのとき、私は思ったんです。

歌手だけやっていると、自分のうたいたい曲がうたえなくなってしまう、と。そう思ったとき、タレントにはなれないと知りました。もちろん悲しかったですけどね」

彼女は〈鈴木邦彦ポップス・スクール〉を辞めた。「アイドル歌手になりたい」とひたすら思い続けてきた人間にとって、それはかなりヘビーな挫折だった。

ここから、彼女は確実に変わらざるをえなかった。

挫折は往々にして人を客観的立場に立たせるものだ。無我夢中になって目標に向かって突き進んでいるとき、人は自分のエネルギーを感じることはできても、自分の位置を正確に知ることはできない。ところが、ひとたび奈落の底に落ち込んでみると、見えなかったものが見えてくる。

アイドル歌手志望だった頃、作曲は彼女の〝趣味〟にしかすぎなかった。ところがアイドル歌手をあきらめたとき、それまでは趣味だった作曲が彼女の中でとてつもなく大きな比重を占め始める。

「スクールを辞めて2年間ほどはディスコに行って遊んだり、ハワイに行ったりしてぶらぶらしていました。その頃ですかね、シンガー・ソングライターになりたいと思い始めたのは。私は中学生の頃から曲を作っていました。あの頃、小坂明子さんが『あなた』をヒットさせて、女の子でも曲が作れるんだという風潮があったんです。それからずっと作っていました。もちろん、ユーミン、拓郎さんなんかも知っていました。でも、彼らは楽しそうにやっているなとは思っても、それとこれとは別、私はあくまでテレビに出る歌手になるんだと思ってましたから。それが、タレント向きじゃないと判断したとき、強く思い込んだんですね、シンガ・ソングライターになるんだと」

中原めいこの〝ポップス〟

シンガー・ソングライターになる素質は、彼女の場合、ずいぶん早くからあった。というのは、彼女が好きだった郷ひろみ、南沙織などのヒット曲を覚えているとき、彼女は彼女が好きな曲の作曲者はほとんど〝筒美京平〟だということを発見しているからだ。ふつうアイドル歌手志望の女の子はアイドル歌手に憧れはしても作曲者までは興味を持たないものだ。にもかかわらず彼女の場合、作曲家・筒美京平に興味を持ったということは、その時点で〝作曲する〟ことに何かを感じていたのだろう。

シンガー・ソングライターになる、と決めた彼女は本格的に曲作りを開始する。とは言っても、初めから彼女独自の世界ができたわけではもちろんない。いろいろなタイプの曲を作りながら、その中から自分にあった音楽を見つけだしていったのである。

「最初の頃は地味めな曲しかできませんでした。でもこれじゃ売れそうもないと思っていろいろやっているうちにだんだんとアップ・テンポの曲も作れるようになったんです。私の場合、選曲のセンスが昔からあったんです。この歌はヒットするとかしないとか、だいたい1回聴いただけでわかりましたからね。それが自分で作曲する場合に役立ったようです。地味な曲はダメだ。もっとハデな曲を……と、客観的に自分の曲を見ることができましたから」

自信曲ができたところで、デモ・テープを作り、たまたま知り合いの音楽関係者に渡したところ、東芝EMIレコードにスカウトされる。こうして、彼女は挫折をバネにしてシンガー・ソングライターになることができたのだった。それだけに、彼女は自分自身をよく知っている。それがアーティストとしてのポリシーになっている。

「流行んないとつまんないと思っています。だから、曲を作るときはいつもヒットさせようと思って作っています。自己満足もいいけど、やはりポップスは自分が楽しめて、お客さんも楽しめなきゃダメ、というのが私のポリシーです。それは私が子どもの頃〈ザ・ヒット・パレード〉を聴いて育ったからでしょう。ジャンルに関係なく、好きな曲は好きな曲としてたくさん聴いてきましたが、それは〝ポップス〟だということで一貫していました。私は今、ダンスミュージックのノリの良さ、そしてメルヘンチックな夢のあるような世界を持つポップスを作りたいと思っています。それが私のポップスです」

己れを知っているアーティストだけに、〝4強〟の牙城を崩す一番手として、大いに期待ができそうである。

谷山浩子

扉を開けると広がってくる、不思議で魅惑的な世界

谷山浩子の〝幅の大きさ〟

谷山浩子に取材するのは今回が初めてだ。彼女がデビューして今年で10年目ということを考えると、一度も取材をしていないということは不思議以外の何物でもないが、実はそれなりの理由があるのである。はっきり言ってしまえば、それは彼女がぼくの興味の対象外にいたからだ。それがこのところ急速に興味の対象の中に入ってきた。

なぜか？

〈谷山浩子はマニアックなファンを持つ異色の女性シンガー・ソングライターだが、そのことはこのアルバムを聴くとよくわかる。メルヘンの世界を淡々とうたったりして、それが限られたある独特の世界を作り上げている。おそらくその独特の世界に引かれる人が彼女のマニアックなファンになるのだろうが、それは逆に、ポピュラリティを持ち得ないという両刃の剣でもある。しかしながら、このアルバムで注目すべきところは、メルヘンの世界とは別に、「ラ・ラ・ルウ」「夜のブランコ」などマニアックなファンでなくとも十分に聴ける作品も入っていることだ。この振幅の大きさが谷山を今ひとつわからなくさせている要因であるが、このことは彼女のスケールの大きさも物語っている。やはり気になる存在だ〉

この1文は5月21日に発売された彼女のニュー・アルバム『水の中のライオン』に対するぼくのレコード評（発表は「ステレオ6月号」）だが、このレコード評を書いていて疑問に思ったのは、メルヘンの世界と「ラ・ラ・ルウ」などのラブ・ソングの世界の〝振幅〟の大きさだった。ひとりのアーティストの中にある振幅の大きさ――それはどこに起因しているのか、と知りたくなったのである。

谷山に会ったとき、「あなたに会ったらぜひ聞いてみたいと思っていることがひとつあった」と前置きして、ぼくはストレートに疑問点をぶつけた。

「あなたの音楽世界には、メルヘンの世界とラブ・ソングの世界のふたつがあるが、ラブ・ソングを作るときもイメージの世界の中で空想して作っているのかしら……」

しばらく考えてから谷山は口を開いた。

「ネタは自分の中から引っ張り出します。というか、核は自分の感情ですね。その感情をストレートな言葉にして、それを後で難しい言葉に変えるわけではないですが、ふつうの言葉を使うのは嫌なんです。それでわかりにくいと言われたりするんですが……」

ふつうの言葉を使うのは嫌なんです――と彼女が言ったとき、なぜそうなのか？とぼくは思った。そこで彼女について日頃思っていることを素直にぶつけてみた。

それは、メルヘンの世界もいいが、一般の人にはわかりにくいこと。やはりポピュラリティを出すためには抽象的な言葉を使うのではなくて、より具体的な言葉を使って説明したほうがいいのではないか、ということ。

黙って聞いていた彼女は「わかります。だから売れないいんでしょうね」とぽつりと一言つぶやいてから、「ですけど……」と言って、襟を正した。

「私は日記をつけているんですが、書いているうちに次第に詩っぽくなってしまうんですよね。日記らしく散文調に書いていると、だんだん自分から、遠くなってしまう。嘘っぽくなってしまうんですね。やっぱり、正直に書いているつもりでも、つじつまを合わせてしまうというか、理屈っぽくなってしまう。それが嫌なんです。私は、それより詩っぽくイメージで書いたほうが、自分の素直な感情が表現できる。そんなところがあるんです」

散文で具体的に書きこむより、詞でイメージを持って抽象的に書くほうが、より素直に自分の感情を表現できるという彼女。ところが聴くほうとしては言葉が抽象的なだけに、その内容が把握できない。彼女とぼくの間にあるこの〝ギャップ〟を埋めるために、「てんぷら☆さんらいず」の例を持ち出すことにする。この「てんぷら☆さんらいず」いう歌は彼女を語るときには抜きにできない歌だ。

〝午前5時ノ新宿駅ノ　長いホームニ散ラバル　赤い朝陽ヲ集めて　新鮮ナトコロヲ　オナベデ　カラリト　カラリト　カラリト　コレガ　てんぷら☆さんらいず！　てんぷら☆さんらいず　一度食ベタラモウ帰レナイ〟

抽象的表現を採る彼女の資質

これだけを読んだらなんのことかさっぱりわからない。ましてや、メッセージがあるなどとはとても思えない。しかし、彼女はこの歌を彼女なりの〝感情〟を持って作ったはずである。その感情がわかれば、なぜこういう表現方法をあえて取ったのか、明確になるはずだ。そんなふうに思ったからこそ、その疑問を彼女にぶつけてみることにした。

「あの歌は新幹線に乗っていて、東京駅でしたけど、ふっとホームに夕陽が差し込んでいたんです。そんな光景を見ていると、なぜか〝浮いたような気分〟になって、あの歌ができたんです」

そんなふうに彼女が言うので、「浮いた気分をもっと具体的に言うと……」と水をむけると、彼女は一気に話し出した。

「言葉で言うのは難しいんですが、家でテレビをずっと見ていると、ブラウン管の中が〝現実〟なんだと思えてくるんです。むろんそれは現実なんかではなくて虚構の現実なんですが……。それとは逆に、街なか、たとえばここ渋谷の公園通りなんかを歩いていると本当の現実なのに、そうじゃないんじゃないか、これは虚構の現実なんじゃないだろうかと思えることがあります。だから、どうしたということはないんですが、そう思ったときふいに浮かれた気分になるんです。そんな気分を、あの歌では表現したかったんです」

彼女の話を聞いていると、わかったようでよくわからなくもあり、わからないようでいて、なんとなくわかったような気分になってくるから不思議である。これはいったいどういうことなのだ——頭の中でつじつまを合わせようと必死になっていると、彼女は言葉をついだ。

「私が言葉に凝るのは自分の歌唱力に自信がないからだと思います。気持ちがあっても歌唱力が十分でないから気持ちを入れきれない。たぶんめちゃくちゃに歌の上手い人は、感情を大切にしたいと思うから言葉が単純になると思うんです。感情で補うことができるから言葉はあまり必要がない。ところが、私の場合は、感情を100パーセント歌唱力で表現できないから、どうしてもそのぶんを言葉で補ってしまう。そんなところはきっとあると思いますね」

彼女の言うことにも一理はあるが、彼女の歌唱力は彼女が思っているほど評価が低いというわけではない。それよりやはり、抽象的な表現方法を取るということは、彼女の資質と言っていいだろう。

谷山浩子のピュアな感性

彼女はひとりっ子だった。それゆえに家ではひとりで遊ぶことが多かった。彼女は遊びを考え出すのが得意だったと言う。

「部屋中に本を置いて、これが何々島、あそこは何々島と決めて島遊びをしたり、いろいろな遊びを考え出して、空想の世界で遊ぶのが好きでした」

また、読書が異常なくらい好きだった。小学生あたりから、名作や偉人伝などを手あたりしだいに読みこなす。

そして、小さなときの癖は今も続いていて、読書は今も最大の趣味だし、時間があると散歩に出かけることもしょっちゅうだと言う。

「何のあてもなく、街中をぶらぶら歩いていると、頭の中が空っぽになって気分がいいんです。そして、ふっとイメージが浮かんだら近くの喫茶店に入って詩を書いたりします」

彼女はきっと街中を歩くことで子どもの頃の島遊びをしているのだろう。つまり、それだけ、彼女の感性は子どものようにピュアで汚れていないということだ。

子どもは感じたことをストレートに感性で表現できるが、大人は自分の頭で考えて納得できないと理解できない。あれはああで、これはこうだから、結局こういうことなんだ——それが大人の理解と言ってよい。この方程式にあてはめると、彼女の「てんぷら☆さんらいず」は当然のことながら答えを出すことはできない。それで結局のところ「わからない」ということで片づけられてしまうことになる。

「これは日本人の悪癖だと思うんですが、難しい映画なんかくると、初めに解説を読んだり聞いたりして、納得できたなと思ってから見に行きますよね。で、納得できなかったら見に行かない。そうじゃなくて、とりあえず見てみる。それで自分がどう感じるのか、それが必要じゃないかと思うんです、私は……」

映画を谷山浩子に変えたら、そっくりそのまま彼女の現状を表わしていると言える。

やはり聴かず嫌いはさけたいものだ。その点においては、ぼくも彼女の意見には賛成である。

「私の転機はアルバム『時の少女』でした。このアルバムからスタッフが全員入れ替わったんですが、それまでは言葉が通じないというかピンとこなかったんです。ところがスタッフが変わったら嘘のように通じてしまった。そのとき私は思いました。私が悪いんじゃなくて、たまたまタイプが違っただけなんだ、と。それでまた自信を取り戻しました」

自信を取り戻し自分のスタンスをつかんだ彼女は頑固に彼女ならではの世界を作り続けている。それだけに、わかりにくく、取っつきにくいところはある。しかし——一度、その世界の扉を開けると彼女の虜になってしまう。谷山浩子とは——そんなタイプのアーティストなのだろう。

山本コウタロー

繰り広げられる新しい展開

次に目指すもの

ぼくの最近の興味の対象は、同世代（30歳代）のビッグ・アーティストたちが次に何をしようとしているのか？にある。

なぜかというと——。

ニューミュージックの現在の〝沈滞〟は、つまるところ、ビッグ・アーティストの不振にあるというのがぼくの持論だが——ひとつの山の頂をきわめたビッグ・アーティストが〝次〟の展開を示さないから後に続く者が目標を失ってしまっている。これではどうにもならない。そう思ったからこそ、ぼくは『NEXT——ビッグ・アーティストが次にめざすもの』（潮出版社）という本を書いて、ビッグ・アーティストたちに〝NEXT〟を問いただそうとしたのである。

ゼロから出発して、ひとつの山の頂をきわめてホッとひと息つきたいという心境はわからないわけでもない。しかし、頂に立てば麓に居たときには見えなかった高い山が見えるはずだ。もしもそういう山が見えるのなら、勇気を持って挑戦すべきである。その姿が後に続く者の励みとなるのだ。ところが現実は、ひとつの山の頂に到達したことに酔いしれてしまっている。次の山の頂をめざすためには苦労して上がった山をいったん降りなければならない。勇気を持って降りて、それから再び登る。方法はこれしかないというのに……。どうしてこんなことになってしまったのか？　はっきり言って、それはしょせん成金の感覚でいるからではないだろうか……。

ビッグ・アーティストといわれている人たちは吉田拓郎、井上陽水を筆頭にして、南こうせつ、谷村新司、さだまさし、松山千春、小田和正……と何人かいるが、まだ誰も次の展開を示し成果を上げている人はいない。ある者はビジョンを示してくれてはいるが、他の多くの者はビジョンを示すどころか、状況が悪くなると、それに合わせてフォームを変え、自分のスタンスを崩してしまいドロ沼に入ってしまっている。

そんな中で、山本コウタローの動きには興味深いものがある。

彼は現在、〝アーティスト〟というより〝タレント〟としての活動のほうがめだってはいるが、彼ほど〝NEXT〟を意識して動いている人はいないのではないか――ぼくはそう思って、ここ数年彼を興味深く見つめてきた。


彼は昭和58年1月にそれまで所属していたユイ音楽工房を辞めて、NEWS・レコードに入社して制作宣伝部長に就任した。ということは、アーティスト活動から身を引き、レコード会社の一サラリーマンとして裏方にまわるということだった。山本コウタローといえば、腐っても鯛、よくぞ思い切ったものだと感心したものだ。その選択の裏にはいろいろな葛藤があったと思われるが、NEXTを意識したうえでの決断であることは間違いがない。いつか機会があったら、その裏の事情を詳しく尋ねてみたい、と思っていた。それが今回の取材で実現することになった。

30歳以上の人生もある

取材の前日、夜が遅かったためか、ボーッとして現われた彼だったが、シビアな質問に言葉を選びながら答えてくれた。

「NEWSに入ったことは大きな転機だけど、実はそこに至る伏線がある。それは30歳のときに単身でアメリカに行って1年半ほど暮らしたことだ。あのときはちょうどサザンオールスターズなんかが出て来た頃だけど、ニューミュージックの隆盛があったが、一方でぼくはこのまま行って本当に大丈夫なのか、考えてみたいと思ってアメリカに行ったわけ。で、アメリカではスタッフとしての仕事をした。風のレコーディングのときには運転手をしたり、ユイ音楽工房がアメリカで日本食の店を出すための調査をしたり……。そんなことをしていた。そういうスタッフとしての部分が、これから音楽をやっていくために必要だと思ったからだ。それとタレント馬鹿にならないために……」

そんな話を聞いていて、ふと疑問に思ったのは、「このまま行って本当に大丈夫なのか？」と彼が抱いた懸念は何だったのか？ということだ。そこで、さらに突っ込んで聞いてみた。

「フォークがニューミュージックと名を変えて商売になるとわかったときから、ニューミュージックは資本の流れの中にどんどん組み込まれていった。ニューミュージック・ブームとなるわけだけど、それが結果的に売らんがためのアーティストを粗製乱造することになってしまった。当時ぼくがやっていたラジオ番組にゲストとして新人がたくさん来たわけだけど、その曲を聴いていつも思ったことは、この人はデビューするのが1年早いんじゃないかということだった。つまり、芽が出た瞬間につんでアーティスト生命を短くしてしまっている。そんなふうに思えたわけ。で、実際にいい楽曲は少なかったし、結局、いい歌のレベルのケジメが低下してしまった。これはやばいぞと思った。他人のことだけじゃなくて、我が身を振り返ったとき、自分もローテーションに追われて曲を作っていい曲を生み出していないということもわかったし……そこで、どうしようかと本気で考えてみたいと思った」

そんな背景があり、さらに、〝30歳〟になったということもいいきっかけだったと彼は言う。

「正直に言って、30から先の人生を考えたことはなかった。いつも場あたり的に生きて来たからね、ぼくは……。ソルティー・シュガー以来、これが面白い、あれが面白いと、場あたり的に面白いことをやってきた。拓郎に言わせると、コウタローは目の前に美味しい物があるとすぐ食べる、ということになるんだけど、本当にそうだったね。で、30という声を聞いたとき、30歳以上の人生もあるんだとはたと気がついて、将来の展開を考えたら何も見えなかった。音楽とどう係わるのか、ということさえ見えなかった。そんなこんながいろいろあって、それでアメリカに行こうと思ったわけ」

アメリカでの1年半の生活は彼にとって大きな意義があった。その中で、彼は音楽が好きなんだ、ということを再確認する。そして、ある〝結論〟を得る。

「アメリカでひとつ大きなことがあった。それは友だちに、お前本当は歌嫌いなんじゃないか、と言われたことだ。そのときはショックだった。本当にぼくは歌が嫌いなんじゃないかとふと思ったりもした。シンガー・ソングライター、をやっていると、正面から歌とケンカしなければならない。歌が目の前にいて、それにぶつかって身を削るようにして作らなければならないからだ。それでいつか音楽をやるという楽しさを失くしてしまっていた。音楽をやり始めた頃、友だちとセッションすることが楽しかった。その楽しさが次第に失くなってしまう。そんなふうにして作った歌を聞いているほうが楽しいと感じるのか？　そう思ったとき、もっと自由に楽しくやろうと思ったたし、とにかく自分が楽しいと思ったことをやろうと決心した。それで他人からどう見られてもかまわないと……」

自分のスタンスが大切

55年に、帰国と同時に『カリフォルニア・ブランチ』というアルバムを出して、アーティストとして再スタートを切る。そして57年7月に山田パンダと〝山本山田〟を組み「旧友再会フォーエバーヤング」を発表する。拓郎プロデュースのこの曲に彼は熱い〝思い〟をたくし突っ走ろうとした。歌の内容からして同世代に強くアピールできると信じたからだ。そのために、パンダと何でもやることを誓い合い、スタッフにアイデアを提供した。ところが、その思いは〝空まわり〟するばかりだった。彼は、なぜそうなるのか、納得ができなかったという。

「パンダさんは北からぼくは南から出発して東京でドッキングしようとか、いろいろアイデアを出したわけだけど、それがまるで通らないわけ。タレントとしてはできないと言われれば、はいそうですか、と言うしかないわけだけど、そのとき、アーティストとスタッフ、データが違うところで戦争していたんじゃかみ合うはずがないと思った。そこで、これは一度、スタッフにまわって、レコード会社が求めているものを、ビジネスとして冷徹に見ることも必要だと思った。アメリカに行ったときはそのスピリットは感じたけど、そのハウ・ツーまではとてもつかめなかった。それでNEWSに入ってみようと思った」

NEWSに入社した彼は、松山千春、あんべ光俊のプロデューサーとして、さらには制作宣伝部長として、一介のスタッフとして仕事を始めた。そして今、彼は山本山田のときに彼が出した企画案がなぜ通らなかったのか、よくわかると言う。

スタッフという地平に立ったとき、向こう岸にいるアーティストの姿がよく見える。そんなアーティストたちを鏡にして、彼は今自分が何をしたらいいのか、正確に把握している。

「要は自分のスタンスが大切だということだ。ぼくはタレントをやったり、ＤＪ、司会者、歌手、書き手などいろいろやっているので、ときどきお前は何者だ？と言われるけど、ぼくは表現手段をひとつにしぼりこむことはしない。それが自分のやり方だし……。それと今やっていることはすべて積み重ねている段階だと思っている。そんなぼくを他人が、あいつはこうだ、と名づけてくれればそれでいいんじゃないかな」

彼はＮＥＷＳ・レコードの音楽プロデューサーとして、タレントとして、アーティストとして、実にしなやかに自由に生きている。その背後には試行錯誤した末に自分の〝スタンス〟を見つけたというバック・ボーンがあることを見落としてはならない。そんな彼の生き方を見ていると、ビッグ・アーティストの〝ＮＥＸＴ〟に対するヒントが随所に散りばめられているように見えてならない。

そんな自由な彼だからこそ、３年ぶりのニュー・アルバム『10月の距離』には、ここしばらくの間忘れさられていた楽しさがある。

「フォークという新しい音楽が始まってから10数年経ってしまった距離。近くにいるのに心が離れてしまっている人間の距離……そんなことを、このアルバムから感じてもらえればいいなと思っている……」

こけてもいいから動いてみる、そこから新しい展開が生まれてくる。――山本コウタローの生きざまはぼくらにそんなことを教えてくれてはいないだろうか……。

葛城ユキ

彼女が導き出した結論

「今は、シティ派ポップス全盛の時代かもしれない。でも私には、そんなファッショナブルな歌は似合わない。もっと生活に密着して、ドロ臭いと思うんですよ。流行にとらわれたくないんです。時代に合わせていくと、自分が死んじゃうんじゃないかと思うんですよね。自分を殺してまで合わす必要もないと思うし、合わさなきゃいけないっていうのは結局、自分に力がないってことだから……」

葛城ユキは言うのだ。

長い下積み生活を経た後に「ボヘミアン」のヒットを出したベテランのロック・シンガーだけに、ポッと出の新人アーティストとは比べものにならないくらい自分のポリシーを持っているものだと感心するが、実はこの言葉――今回の取材で彼女が吐いたものではないのだ。

1年前、ということは「ボヘミアン」が大ヒット中のことだが、このとき彼女はマスコミの取材攻勢の真っ只中にいた。初めてのヒット、それも大ヒットだっただけに、彼女は〝時の人〟になった。当然ながら舞い上がってしまったとしてもなんら不思議はない。自分は最高なんだ。自分のやっていることはすべて正しいのだ、そんなふうに思って、つい突っ張ってみたくなる。そして、冷静に自分自身を見る目を失くしがちになる。ぼくはそんなアーティストをこれまでにたくさん見てきた。舞い上がることで自分自身を失い、結局自分のスタンスを崩してしまう。売れるということは、そんな危険性をはらんでいる。これまでにたくさんのアーティストが、そんな危険性を知りながらもえじきとなってきた。だからこそ人気絶頂期に彼女が吐いた冒頭の言葉が印象的だったのだ。

葛城ユキの永遠のテーマ

11月21日に彼女は通算8枚目にあたるニュー・オリジナル・アルバム『motherly』を発表した。このアルバムは細心の注意を払って聴いた。というのは、「ボヘミアン」熱が1年間経って改めて、彼女の〝NEXT〟（次にめざすもの）が問われると思ったからだ。1年前に印象的な言葉を吐いた彼女が環境の変化——レコード・セールス、コンサート観客動員力の増大、それに伴う経済的余裕など——の中で、ポリシーを貫くことができるか否か、すべてはこのニュー・オリジナル・アルバムにかかっている。そう思えてしかたがなかった。

結論から先に言うと、ニュー・アルバム『motherly』は彼女らしさが凝縮された好アルバムだ。シャウトしながらも情感は失わずにハートフルに説得力あふれた歌をうたうのが彼女の十八番だが、このアルバムではそれが見事なまでに昇華されている。それだけに素晴らしい小説を読んだ後に残る〝読後感〟にも似たものが、このアルバムを聴き終えたときに残った。特に「HARD WORKIN'」「WOMAN」「Get Away ブルースはもう聴こえない」などは彼女ならではの雰囲気があって最高である。いずれにしても、彼女の良さが上手く凝縮された1枚だった。

このアルバムを聴いたとき、無性に彼女に会ってみたいと思った。どんな心境でいて、どんなことをやろうとしているのか、尋ねてみたいと思ったのだ。

「1年前に会ったとき、流行に流されることなく、もっと生活に密着したドロ臭い歌をうたっていきたいと確か言っていたけど、今度のニュー・アルパムはどう……」

そんなふうに切り出すと、彼女からストレートな答えが返ってきた。

「それはもちろん変わっていませんし、それが私の永遠のテーマだと思います。実は今度のニュー・アルバム、詞でかなりもめたんです。といっても、悪い意味ではなく、いい意味でですが」

「ということは、もっと具体的にいうと、どういうことかな」

「言葉数が多すぎたりして、ノリの部分でうたいにくいとか。まあ、そういうことはいつもあるんですが、どうしてもうたいたくないテーマの詞っていうんですか、そういうのって、私にはあるわけなんです。好みでないというか……。たとえば「Get Away」という曲があるんですけど、これは〝どしゃぶりの心さ　すり切れた心さ〟というフレーズがあるんですけれど。これはかなり渋いというか、相当な人生経験を積んでいないと吐けない言葉だと思います。ところが、初めこの詞はごくふつうのファッショナブルな詞としてあがってきたんです。ファッショナブルな言葉遊びっていうのって私はやりたくない。こういうのってどうしてもうたえないって主張して何回も書き直してもらった」

〝ロック〟を唄うこと

ニュー・アルバムはいつになくスケジュール通りにいかなかったという。それは妥協することなく作ったということだが、売れているアーティストの場合はレコード・リリースが決まるとふつうそれは動かせないものだ。というのはレコード会社の売り上げに影響が出てくるからだ。そのために、時間がないからもういいやということになってしまいがちだ。ところが、彼女はスタジオをキャンセルしてまで、やり直した。その成果がニュー・アルバムには十分に発揮されている。

この頑固さというか、ポリシーが彼女を支えているといってよい。

彼女はデビュー以来、一貫して骨太でシンプルなロックを追求している。そのために妥協はしてこなかった。

ふつう新人のシンガーがデビューしてアルバムを作るとき、有名な作詞家や作曲家に詞や曲を依頼するものだ。そうすることが安全パイだからだ。有名作家たる所以はどんな場合でも平均点以上の作品を書き上げるということだ。それに対して、新人作家の場合は突発的にすごいものができあがってくるかもしれないが、何ができあがってくるかわからないという確率のほうが高い。だから、創作担当者は新人シンガーのアルバムを作るときに、新人作家を起用するという冒険はあえておかさないものだ。

しかしながら、彼女の場合は違っていた。1980年に「哀しみのオーシャン」でデビューしてファーストアルバム『寡黙』を作ったとき、ほとんど新人作家を起用した。そのポリシーは長い間守られてきた。その辺のいきさつを、彼女の所属事務所・ミュージック・バンクの宮部洋毅社長は次のように補足する。

「無名の人たちを起用したのは、有名作家に依頼した場合は、ユキの個性が知られていない段階ですから押し切られてしまう恐れがあると判断したからです。力関係がそれこそ10対0ですから……。それよりも、時間がかかってもいいからユキを大切に育てていきたい。そう考えたら、無名の人たちを起用してこちらが主導権を握っていったほうがいいと判断したんです」

周囲の状況がどうあれ、まず彼女自身の歌の世界を確立することが先決——それに彼女は異存がなかった。いや、時代の気運がどうあれ、流行がどうあれ、そうであらねばならないと考えていたのだ。それは彼女自身が嫌な思いをしながら得た結論でもある。

彼女は80年に「哀しみのオーシャン」でデビューする前に、フォークとも演歌ともつかないような「木曽は山の中」という歌でデビューしている。74年11月のことだ。「木曽は山の中」は同年の〈世界歌謡祭〉入賞曲であり、歌の上手い彼女は〝大型シンガー〟という触れ込みだったがさっぱり売れなかった。その後もまったく鳴かず飛ばずで、次のレコードを出す話も立ち消えとなり、気がついてみたら酔客の前でうたうクラブシンガーに落ちていた。それでも彼女はくじけなかった。このままでは終わらない。今にみていろ、という意地があったからだ。その意地と自信が彼女を支えた。

「〝私はこんなところでやってる器じゃない〟。そんなエリート意識みたいなものを、いつも持ってたんですね。オーバーないい方だけど、私はうたをうたうために生まれてきたんだっていう意識。信じてたんです。自分が大器晩成ってことを。大器晩成なんだ。他の歌手とは違う。こんなところでやってる自分はほんとの自分じゃない、自分にそう言いきかせてきました。そう信じるしか、なかったんです」

胸の自信とは裏腹に彼女は悩んでもいたのだ。

「とにかくうたいたい。歌手になりたい、最初はそんな気持ちだけだったのでどんな音楽をやりたいなんて考えたこともなかったんです。デビュー曲が自分に合わないと感じたとき、初めてそれに気がついて……」

それから彼女の模索が始まった。そして試行錯誤してやっとの思いで到達した結論が〝ロック〟をうたうことであり、〝シャウト〟という歌唱法だったのだ。それだけに彼女は〝うたう〟ということにポリシーを持っている。だからこそ、何があっても妥協はしないのだ。

とはいっても、1度ヒット曲を飛ばしてしまうと周囲が「もう1曲ヒットを……」と期待してしまうものだ。それが負担とわかっていてもついついその気になってしまう。そして、それがスタンスを崩す誘因となる。だが、彼女に限ってはそんな心配はないようだ。

「私は常にマイペースでいこうと思っています。そのときの自然の流れで、自分の好き嫌いをはっきりさせて、納得できる仕事をやっていきたいですね」

酔客の前でうたっていたときの〝意地〟と〝自信〟を失わないかぎり、彼女の〝NEXT〟は輝きを失くすことはないだろう。一生懸命にシャウトしてうたい生きる様――それが人を引きつけるのである。

稲垣潤一

TRY AND BEAR SOMETHING NEW

ふたつの課題

ニューミュージック界は今、ニューリーダーが渇望されている。

第一線で活躍している〝スター〟と呼ばれるニューミュージックのアーティストはたくさんいるが、ニューミュージック・シーンを引っ張っていけるニューリーダーとなると、そうざらにはいない。佐野元春、アルフィー、チャゲ&飛鳥、浜田省吾などが挙げられるが、稲垣潤一もそんな一角を占めている。

3年前の1982年1月21日に稲垣が「雨のリグレット」でデビューしたとき、今日これほどの〝ビッグ・アーティスト〟に稲垣がなるとは誰が予想しただろうか?

当時の稲垣は一介の〝シンガー〟でしかなかった。しかし、その一介のシンガーがたくさんのシンガー・ソングライターを超越してビッグ・アーティストになってしまった。これは大変な快挙と言っていいだろう。

それではなぜ稲垣が一介のシンガーから〝ニューリーダー〟と目されるほどのビッグになり得たのだろうか?

稲垣のポップスを聴いていていつも感心するのは、言葉がサウンドにうまく溶け込んでいるということだ。だから、洋楽ファンで日本人のアーティストのレコードは聴かないようなタイプの人でも稲垣のレコードだけは聴くのだろう。つまり、稲垣のポップスは準国産でありながらも洋楽と同じレベルで聴かれているということだ。ここが他のアーティストとは趣がいささか異なるところだ。

それでは、そんな独特の稲垣ポップス（通称〝J. I.ポップス〟）はどのようにして作り上げられたのだろうか？

稲垣はアマチュア時代、日本人のアーティストのレコードは聴かなかった、と言う——。

「ある時期、2〜3年間ですけど、日本人アーティストの歌はまったく聴こうとしないことがあったんです。もちろん、それなりの訳はありますよ。ジャクソン・ファイブが仙台に来たとき見に行ったんですが、そのとき日本人のフル・バンドがついていて、これが最悪なノリだった。それを見たとき、日本人て何てノリが悪いんだ、とがっかりした。それで日本人のなんて聴いていると、自分のノリも悪くなってしまうと思って、いっさい聴かないようにしたんです」

そんな稲垣にとっては日本語でうたうということがなによりも大きな課題だったのだ。

稲垣は言うのだ。

「ぼくにとっての課題は実はふたつあったんです。ひとつはノリ。もうひとつは日本語の歌をマスターすること」

最大のオリジナリティ

その課題を克服したのがサード・アルバム『J. I.』だった。その意味では、ファースト『246:3AM』、セカンド『シャイライツ』、サード『J. I.』が稲垣にとっての〝第1期〟だったと言っていいだろう。この第1期で稲垣は〝J. I.ポップス〟を確立したのだ。そして、〝J. I.ポップス〟を確立した稲垣の最大のオリジナリティは、稲垣ならではの〝オリジナルな符割り〟を持ったボーカルだ。

『J. I.』完成直後のインタビューで、この符割りをめぐって、ぼくは稲垣と実にスリリングな会話を交わしたことがある。この会話の中に稲垣のすごさが凝縮されている。その会話をここに再録すると——。

〈——稲垣君のばあい、ソングライターから曲ができあがってきて、自分なりの歌い方が完成するまで、どんなプロセスを通るわけ？

稲垣　まず曲ができあがってきたところで、リズム・トラックを録って、それに合わせて、ぼくが〝ラララ〟でうたってみるんです。で、ラララのデモ・テープを作詞家に渡してメロディに詞をはめ込んでもらう。詞ができあがってきたら、今後は詞をつけてうたうんですが、ぼくの場合、ここで符割りを真剣に考えるんです。

——符割りって？　具体的にはどうするわけ？

稲垣　A面（アルバム『J. I.』の1曲目に「MARIA」っていう曲があるんですが、その曲の初出の2行、オリジナルの符割りはこうなんです。

そう言って稲垣は歌詞カードを見ながら、手で机をたたいてリズムをとりながら。〝BUSを持つ影ふたつ　色あせたシネマだね〟とうたう。

稲垣　今のがオリジナルの符割りだけど、ぼくがうたうとこうなるんです。

——だいぶ感じが違うね。オリジナルの符割りだとなんとなくベタついた感じだけど、稲垣君の符割りだとすごく軽快でいかにもポップスっぽくなる。

ここで読者のために補足しておくと、符割りの違いを活字で説明するのは難しいが、オリジナルの符割りだと〝バスをまーつ　かげーふたつ　いろあせーたー　シネーマだね〟となり、〝影〟の〝か〟と〝シネマ〟の〝シ〟に強いアクセントがつく。

稲垣「MARIA」はオリジナルな符割りでうたっちゃうとひじょうにつまんなくなっちゃう。やっぱり、曲を生かすも殺すも、シンガーの符割りですからね。だから、ぼくはぼく独自の符割りをひねり出すことに最大限の気をつかいます。〉

曲を生かすも殺すも、シンガーの符割りですからね——ここにこそ稲垣の本質はある。そして、それが稲垣を並みのシンガーではないビッグ・アーティストにした〝武器〟であるということは今さら言うまでもないことだろう。

第2期へ

アルバム『J.I.』で〝J.I.ポップス〟を確立した稲垣の素晴らしいところは、それで満足することなく、〝第1期〟に訣別を告げて〝第2期〟に入っていることだ。第2期はフォースト・アルバム『パーソナリー』から始まっている。そして、それは5月1日発売予定のフィフス・アルバム『NO STRINGS』に引き継がれている。

NO STRINGS——〝飾り気のない〟〝気どりのない〟という意味らしい。これは稲垣の尊敬するミュージカルの作曲家リチャード・ジャース（サウンド・オブ・ミュージックが有名）の作品にちなんで稲垣自身が発案したアルバム・タイトルだという。

「基本的には前作『パーソナリー』の延長線上にあるアルバムと言えるでしょう」

そう前置きしてから、稲垣は言う。

「『パーソナリー』以前に3枚のアルバムを出してますけど、3枚とも全体的なトーンが共通してるんですね。ちょっと暗いダークなイメージで。だから、3枚目の『J.I.』を作ったあたりから、次のアルバムでは流れを変えてみようという話が出始めたんです。ぼくを含めてアーティストっていうのは予め決められた枠の中で動き続けることが嫌なんです。丁度その枠組みを取り払ってみようということで作ったのが『パーソナリー』だったわけです。このことで、稲垣らしくない、という多少の反論はありましたけど、自分なりにこの展開は一応成功したんじゃないかって思ってます。今回のアルバムも考え方としては変わってないですね」

補足すると、稲垣が言う〝枠〟とは〝イメージ〟と言ってよい。つまり、「雨のリグレット」から「246: 3AM」、「ロング・ヴァージョン」に代表されるようなマイナーなバラード——これが稲垣のイメージだがこのイメージを取り払おうとしているのだ。

「正直に言って、マイナーはもういい、っていう気はしています。まあ、やりつくしたというか……」

一息ついて、稲垣は続けるのだった。

「今度のニューアルバムで、これまでと一番違うのは、英語詞の曲とぼくが作曲した曲（「楽園伝説」）が入っていること。英語詞の曲はデモ・テープの段階から日本語の詞がのせにくかったから英語で詞をつけてもらったんです。日本語と違って詞にリズムがあるので逆にうたいやすいですね。あと傾向としてサウンドがシンプルになってきています。今は技術的進歩でどんな音でも出すことが可能だからサウンド的に飽和状態にあると思うんです。だからこそ、これからは余計なものを削って、どのサウンドを残すかが大切なんじゃないかな」

アルバム『NO STRINGS』は今まで以上に、シンプルでタイトになっており、ロックっぽくなっている。だが、これは必然性があってのことなのだ。この辺について稲垣はこんなふうに言う——。

「難しかったのは選曲ですね。もちろん曲のクオリティも重要なんですけど。大衆との接点に気を使いました。逆に、そればかり気にして曲調にまとまりがなくなってもいけないんですけど。時代の風潮との間にズレが生じることが一番怖いことですからね」

クオリティとポピュラリティとのバランスのとり方——これほど難しいことはない。それをうまくとるためには、常にアンテナの感度を良くしていなければならない。

大衆との接点——ポップスで最も大切なこととはこのことであるが、それを稲垣は実に上手くクリアーしている。だからこそ、ここまでビッグになれたのだろう。

3月21日発売のニュー・シングル「ブルージン・ピエロ」を引っ下げて、稲垣は3月25日から7月5日まで全国71本のコンサート・ツアーに出る。ツアーで客に触れることがどれほど大切なのか、稲垣は知っている。

「コンサートで生の客の反応を感じることが一番ですね。そこからすべてが始まるような気がしています……」

ツアーが終わったとき、またひとまわり大きく成長しているに違いない。

別れ際に稲垣が言った言葉が印象的だった。

「冒険といったらおかしいけど、いろんなことにトライしていきたいですね。そこから新しい何かが生まれるような気がして……」

自分のイメージに縛られることなく、勇気を持ってそのイメージを自分自身でぶち壊して常にチャレンジし続けること——そこにしか進歩はない。もうこれでいい、と思ったらその人は〝化石〟になるしかないのである。

H_2O

解散——そして新しいスタート！

4月2日——渋谷のライブハウス〝エッグマン〟でH_2Oの解散コンサートが行なわれた。

開演は午後7時予定だったが30分経っても始まらなかった。解散というだけで聴衆の気分が高まっているところに30分の遅れで、聴衆の期待感は高まる一方だったので、7時40分にH_2Oがステージに登場したときにはもう完全に興奮の坩堝と化していた。

H_2Oは3人（エレキ・ギター、エレキ・ベース、ドラム）のバック・アップ・ミュージシャンを従えて1時間余り息もつかせぬ演奏を聴かせてくれた。彼らは解散については多くを語ろうとはしなかった。ただ「これはおめでたい解散であり、発展的解散です」という主旨のことを語っただけだった。そのかわり、彼らは言いたいことをすべて音楽に託していた。その演奏は本格的なポップス・グループのそれであった。ここに彼らの主張がこめられている、とぼくは感じたものである。

午後9時、彼らはアンコールにこたえて、「想い出がいっぱい」をファンと大合唱した。そして、「長い間ありがとう」と言って深々と頭をさげた。「解散しないで……」「辞めないで……」というファンの涙声の中——彼らの表情は実にさわやかだった。そのさわやかさが発展的解散を物語っていた。

彼らに生じた欲求不満

H_2Oが解散するというニュースを聴いたとき、ぼくは「まさか……」と思った。というのは、2月

25日に発売された彼らのニュー・アルバム『NEXT CORNER』を聴いて、ぼくは彼らがグループとして進むべき方向性を見出したと確認していたからだ。本誌4月号のアルバム・レビューでぼくはこんなことを書いている。

〈H_2Oの4枚目のオリジナル・アルバムであるが、このアルバムの特徴は彼らが〝シンガー〟に徹していることだ。そのために赤塩正樹、中沢堅司のオリジナル曲は2曲しかなく、残りの8曲は財津和夫、和泉常貴、鈴木康博、松田良、鈴木キサブローなどに曲を依頼している。全10曲なので曲詞はバラエティに富んでいるが、大別すると〝ポップス〟でもさわやかなポップスと、いくぶん哀愁を帯びたポップスに分けることができるが、後らの場合はどちらかというと後者のほうにこそ魅力があるようだ。「so long 想 long」「passage」などはしっとりとせまってくる。それに比べると「きみと僕のマザーグース」「虹の的ルージュ」などはさわやかさはあるが、ただそれだけで訴えかけてくるものに欠けているようだ。そんな観点に立つと、彼らの魅力は、ポップスでも、いくぶん翳りのある哀愁ポップスにある、ということができる。そんなことをふと感じるアルバムである。〉

つまり、哀愁ポップスに焦点を絞っていけばH_2Oの未来はある、とぼくは思ったわけだ。そして、その試金石に『NEXT CORNER』はなったはずだ、とばかり考えていた。

しかし――それはぼくのとんでもない錯覚だった。

赤塩正樹は言うのだ。

「今回のアルバム『NEXT CORNER』は、しっかりプロデュースされていて自分でも良くできていると思います。しかし、冷静な目で見てみると、自分たちのカラーとはちょっと違うなっていう気がしています。このアルバムの評判がいいのはぼくたちにとって皮肉なんですが……。ぼくたちには、サウンド的にもう少しぼくたちの音を出したいということが前提としてあるから、すごく欲求不満なんです」

傍らで黙って聴いていた中沢堅司もつけ加えるのだった。

「はっきり言ってこんなことは言わないほうがいいと思うんだけれども、今回のアルバムの音楽性、ぼくはあまり好きじゃないいんですよね」

H_2OがH_2Oのニュー・アルバムを否定する。初めのうち、ぼくはその真意のほどを測りかねていた。彼らがなぜ『NEXT CORNER』を否定するのか、ぼくにはよくわからなかった。そこで「ぼくはいいアルバムだと思うけどね」と言うと、赤塩は「実は袋小路に入っちゃったんです」と前置きして言うのだった。

「『想い出がいっぱい』がヒットしたことによって、がんじがらめにされてしまったんです。ぼくらが安易だったんですけど……。『想い出がいっぱい』をうたわないかという話があったとき、ぼくらは1曲売れさえすれば自分たちの好きなことができると思ってやることにしたんです。テレビ・アニメの主題歌でもいい。他人の詞、曲でもいい。とにかく1曲売れさえすれば、後は自分たちの好きな音楽ができる。そう思ってやりました。しかし、その考えは甘かったですね。自分たちのやりたいことができるどころか、『想い出がいっぱい』のイメージにしばられたことしかできなくなってしまった」

中沢は補足して言う。

「『想い出がいっぱい』がチャートで上がってきたとき、この調子で波に乗っていけば好きなことができる。そう思ったからこそ、未熟なりにも一生懸命やりました。でも、その後に残ったものは、こんなはずじゃなかったという思いだけですね」

ここで彼らの話を整理すると、つまり、こういうことになる。彼らは、たとえ他人の作品を妥協してうたっても、その曲が売れることでグループの状況が良くなれば、その次からは自分たちが本当にやりたいと思っている音楽ができると考えた。しかし、現実は、「想い出がいっぱい」が売れたことで、「想い出がいっぱい」のH_2Oという〝イメージ〟がついてしまい、常にそのイメージを強要されることになってしまった。『NEXT CORNER』もそんなイメージに強要されて作られた、というわけだ。それだけに欲求不満が生じてしまう。

これはH_2Oに限らず、ほかのアーティストにもよくあることだ。これを克服する方法はふたつある。ひとつは、そのイメージを大切にしてビジネスに徹すること。もうひとつは、そのイメージとあくまで戦い続けることだ。前者はエンターテインメント志向、後者はアーティスト志向だが、共にプロとしてグループを存続させていくためには必要なことだ、といえる。その意味では、H_2Oもどちらかの方法を選択すべきであった。

解散の理由

しかしながら、彼らはあえてそうはしないで〝解散〟という道を選んでしまった。なぜか？

中沢は言う。

「今まで話してきたことだけなら、必ずしも解散する必要はないと思うんです。ふたりともビートルズとかモータウン系の同じような曲を聴いて曲を作ってきたんですけど、25歳を過ぎた頃からお互いの音楽性が少しずつ違ってきたんですね。それはあたりまえのことだから、音楽性の違いは違ったなりの面白さがあっていいと思ってたんですけど、あまり違ってくるとお互いの足を引っ張ることになりますから……。まあ、お互いの音楽性が違ってきて足並を合わせるのが大変になってきたことは事実です」

赤塩と中沢は中学時代に知り合って、これまでの12年間一緒に音楽をやり続けてきた。ふたりのやりたい方向性が一致したからこそ彼らは〝H_2O〟を結成して同じ目標にむかって進んできた。なぜふたりがグループを結成したかというと、ふたりでなければできないと考えたからだ。その目標が一致していたときはH_2Oの現実が、その目標と違っていたとしても、共に戦うことができた。しかしそれぞれの目標が微妙に異なり始めると、たとえH_2Oの現実が、自分の考えている方向性と違ってきても、ふたりでスクラムを組んで戦うことはできない。なぜなら、めざす目標が異なっているからだ。

そんな現実に直面したとき、取るべき方法はふたつしかない。ビジネスのために、つまり、食うというただそのためだけに己れの目標を捨て妥協してグループを持続させること。そして、もうひとつは、己れの目標を実現するためにグループを解散することだ。

正直に言って、後者を取ることは難しい。気分的には、そうすべきだということがわかってはいても、人間には打算が働くものだ。ましてやH_2Oのようにヒット曲のあるグループならなおさらのことである。とりあえず、「想い出がいっぱい」のイメージを守り通してさえいれば数年間はそこそこに食えるという状況があるからだ。そんな状況の前では、人間は弱いものだ。必ずといっていいほど保守的になってしまう。

おそらく赤塩も中沢も思い悩んだに相違ない。27歳といえば。社会に出て数年め――それぞれがそれぞれのレールの上を確実に歩んでいるときだ。しかし――彼らは現実に妥協することなく、自分たちの目標にチャレンジする道を選択した。きっと彼らは新たな〝創造〟をするためには、今あるものを〝破壊〟しなければならないということに気づいたのだろう。グループを解散するということは破壊である。だが、確実に言えることは、破壊しなければできない創造というものがあるということだ。エンターテインメント志向にしろ、アーティスト志向にしろ、H_2Oを持続することに対して、彼らはあまりにも〝偉大なアマチュア〟でありすぎた。しかしながら、その純粋さがあるからこそ、今後の彼らに対する期待感も大きいといえる。

人間「今ならできる」と思うときに新しいことに挑戦しなければ、できることもできなくなってしまう。その意味でH^2Oの解散は必ずや〝NEXT〟につながるだろう。

最後に今後の予定について尋ねると、赤塩と中沢は口調を合わせるかのように言うのだった。

「とりあえず頭の中をカラッポにするために、アメリカに行ってみようと思っています。いろんなことを吸収したり、カルチャー・ショックを受けることで音楽の幅を広げたいですね」

ふたりの心に再び〝青春の風〟が吹き始めた。その風がやまないことを祈ってペンを置くことにする。

鈴木康博

ソロ・アーティストとしての自立

オフコースの幻影

オフコースは3年ぶりのコンサート・ツアーの真最中だ。4月24日の千葉文化会館を皮切りに9月の武道館公演まで全国各地を駆けめぐっている。そして、そのコンサート・ツアーの模様が各紙誌を通してレポートされてくるが、「熱狂的なステージで大成功だった」という記事を読むたびに、そんなことはないはずだ、という疑問点は大きく膨れあがるばかりだ。

というのは、全国各地のコンサート会場につめかける聴衆は、従来のオフコース（小田和正、鈴木康博、清水仁、松尾一彦、大間ジロー）のイメージを抱いてステージを見に来ているからだ。実際のステージで展開されるのは鈴木が抜けた4人の〝オフコース〟であるからだ。ぼくは鈴木が脱退した時点でオフコースというグループは消滅したという見方をしている。なぜなら、小田と鈴木のしのぎをけずる拮抗状態があって初めてあのオフコースのイメージはできあがったのだ、と判断しているからだ。だから、誤解を恐れずにいえば、オフコースは鈴木が抜けた時点で解散すべきであり、もしも今の4人で続けるとしたら別の名前でするべきだった、と思っている。そのことは、昨年6月21日に発売されたアルバム『ザ・ベスト・イヤー・オブ・マイ・ライフ』が如実に物語っているではないか。

このアルバムを聴いてまずぼくが思ったことは、予想以上に鈴木の存在が大きかったということだ。

こんな比較はそれぞれのメンバーにはきわめて失礼だが、話をわかりやすくするためにあえてするという無礼を前もって断っておきたい。全体を10とした場合、オフコースに占める割合は、小田が5、鈴木が3、清水、松尾、大間が合わせて2、ぐらいにぼくは考えていた。ところが、『ザ・ベスト・イヤー・オブ・マイ・ライフ』を聴いてみると、小田が5、鈴木が3という比重は間違いで、このふたりはほとんど互角ではなかったかと思えてきた。いや、正確に言うなら、音楽性の違う小田と鈴木が5分と5分で拮抗して初めて、あの独特のオフコース・サウンドは生まれたのだというふうに思えてきたのだ。

正直に言って、鈴木の抜けた穴は予想以上に大きかったようだ。小田と他の3人のメンバーとの間に音楽性の〝ギャップ〟がありすぎるのだ。小田の小田らしさは変わっていないが、それに拮抗する形で鈴木のポップスがかつてあったが、鈴木がいないことで小田からいきなり松尾のロックにいくことで、オフコースとしてのバランスが崩れてしまった。そしてそれは簡単には立て直しがきかない類のものだとクールに判断された。

だからこそ、鈴木が脱退した時点でオフコースは解散すべきだった、とぼくは主張するのである。それが4人でオフコースを再スタートさせたから、不幸にも今のオフコースは昔のオフコースでないにもかかわらず昔のオフコースのイメージでとらえられ、一方、鈴木のほうはオフコースを脱退してソロになったにもかかわらず、オフコースが活動を続けているだけに、〝元オフコースの鈴木康博〟というイメージから脱皮できないでいる。これは共に不幸であるが、それはつまり鈴木が脱退したときに、小田サイド、鈴木サイドとも、その辺のいきさつをうやむやにしてしまったことに要因はある、とぼくはとらえている。オフコースの両輪であった小田と鈴木のうちのひとりが脱退するというのに、きれいごとで説明できるわけがないではないか。にもかかわらず、あれから3年余り、なんとなくウヤムヤのうちに時は経ってしまった。そして、両者ともに、かつての〝オフコース〟の幻影につきまとわれている。

これは良くないことだ。そう思ったからこそ、久しぶりに会った鈴木にぼくは単刀直入に切り出したのだ。

〝イメージ〟からの脱出

「あれからもう3年も経ったんだから、今だから言えるってことはあるんじゃないですか。あの時点で言えばドロドロとしたことが今だったらすんなりと……。そうしないと、ヤスさんはそのことに対して何も言ってこなかったでしょう。だから、ソロになって何かイメージが稀薄なんですよね」

そんなふうに水を向けると、

「そうですね。これまでぼくはあまり言いませんでしたからね。だから、独立して3年目になるんだけど、独立したというイメージがないでしょう。でも、これからは攻撃的にやろうと思っています。この頃、そういう心境になっているんですよね」

という力強い言葉が返ってきた。

そして、一息ついてから鈴木は言うのだった。

「彼らのほうがぼくよりハデに活動をしているから、注目度が高いぶんつらいところがあるんじゃないですか。だって、お客さんは昔のオフコースのイメージを胸に抱いてコンサートに来るわけでしょう。でも、昔のオフコースじゃない。そこでギャップが出ると思います。しかし、そのギャップを乗り超えて新しいものを出していかなければならない。彼らがオフコースという名前を引き継いだということはそういうことですからね。それと同じように、ぼくはソロ・アーティスト・鈴木康博という新しいイメージを強く打ち出していかなければならない。いつまで経っても〝元オフコースの〟じゃ独立した価値がありませんからね」

かつて鈴木は独立の理由をこんなふうに語っていた。

「結局、オフコースのイメージみたいなのができあがっているような気がしちゃったんだよね。グループなんていうのは何やり出すかわかんないというのが一番面白いところであって、なんかシッポをつかまれちゃうというのが一番面白くない。あいつはこういうやつだから、こういう音楽が出てくるんだ、こういう音楽が好きだから、こういうふうと……。周りからこういうふうに思われていて、こういうんじゃないとオフコースらしくないとか、実際シングルなんか出すにあたってちょっと違うんじゃないのっていうようなことっていうのは何回かあったんです。新しい曲ができたので聴かせると、こういうのってちょっと違うんじゃないかって言われて引っ込むわけです。それがだんだんと、なんていうんだろうな、芽を摘んでくっていう感じがすごくしてね、自分の中で。こうなるとやばいかなとか思い出して……」

オフコースの名前がビッグになればなるほどイメージが確立されてしまい、結局そのイメージに引きずられてしまう。鈴木はオフコースにいることで次第に自由を束縛されることになる。それに伴って、自主規制を否応無しにされてしまった、と言う。

「確かに自主規制は自主規制なんだろうけど、今思うとそんなに大したもんじゃないんだよね。別に何やったってかまわない。でも、あの時点ではできなかったんだろうね。実際あの時点ではできなかったですよね。要するに、やっても表面化しないんじゃないかと。たとえばLPの中の1曲で終わっちまうとか、コンサートの中の1曲で終わるという、そういうところでしかなかったような気がするんだよね。ま、その辺が自分で力不足だったのかもしれないし、それを広げていくだけの力がなかったのかもしれないし、その前にこういう団体の中にいたんでは、それができないんじゃないかと思ったこともあるしね」

攻撃的に！

鈴木はやりたい音楽をやるために小田とオフコースを結成した。だが、オフコースでなければやれなかったことが、逆に今度はオフコースにいるとやりたいことができないという不自由さを感じ始めた。そのとき、鈴木は迷うことなく、やりたい音楽をやるためにオフコースを脱退することを決意した。

こうして鈴木は、1983年8月21日にアルバム『Sin-cerely』、シングル「愛をよろしく」を出し、ソロ・アーティストとして再スタートした。それ以来現在までの2年間に、アルバムを2枚、シングルを5枚リリースしている。いずれも作詞、作曲、編曲、そしてリズム・セクション、ギター・ソロにいたるすべてを、YAMAHA DX-1、FAIRLIGHT C.M.I など総額4000万円にもおよぶ機材を駆使して、自らの手で妥協のないサウンドを作り上げている。

「ひとりでやってるとすごいという評価を受けるんですが、そう言われてもピンとこないんですよね。ぼくはともかく機械と対話するのが好きだったから、オフコースを辞める1年ほど前から冨田勲さんなんかを見ていてやりたいなと思っていたんです。全部ひとりでやらなきゃいけないからアイデアが出ないときは大変だけど、ひとりでやってるから気は楽ですよね」

ソロになって2年間、鈴木は試行錯誤をくり返してきた。それは自分だけの色を探すためのイバラの道であった。それまでの10数年間に彼自身が築いてきたものをひとつずつ削り取って一番最後に残るものを見つける旅でもあった。そして、その一番最後に残るものこそが〝本当にやりたいもの〟というわけだ。彼の話を聴いていると、どうやら光明が見えてきたようである。

「ニュー・シングル「City woman」はあえて攻撃的にしました。今の世の中、軽いというか、何でも体裁よくまとめあげてしまうという風潮があるでしょう。そんな風潮を、昭和23年生まれとして、どんなふうにとらえているか、自分の感じ方をはっきりさせておきたいと今は思っています。だから、9月発売予定のLPも、ぼくの感じ方、考え方なんかが前面に出た、かなり色の強いものになると思います」

より攻撃的になろうとしている鈴木康博――それは取りも直さずオフコースへの完全なる訣別であると同時に、ソロ・アーティストとしての自立でもある。

オフコースは3年前に消滅したのだ。その幻影を断ち切れない者は化石になるしかないだろう。鈴木と小田の宿命の〝ライバル〟としての戦いは、今まさに第1ラウンドのゴングが鳴ったばかりである。これからが面白いのだ。

大友康平

不屈の騎馬軍団はロマンに向かって突き進む！

こんなはずじゃない、という思いは誰の心の中にもあるはずだ。

こんなはずじゃない——換言すれば、自分自身の現状に対する〝不満〟を持っている、ということだが、これに対する反応はツータイプに分けられる。

ひとつは相手（人、社会など）に怒りをぶつけるタイプ。もうひとつは、相手ではなくて自分自身に怒りをぶつけるタイプ。

どちらかというと前者のタイプが数としては多いようだ。はっきり言って、これは困ったものである。相手に怒りをぶつけるということは、自分自身の努力が足りなくて実力がないことを棚にあげておいて、グチを言っているにすぎないからだ。ここからはエネルギーは生まれてはこない。

こんなはずじゃない、と思ったらなぜダメを自分自身に怒りをぶつけて、ナニクソ負けるもんかと踏ん張って、怒りをエネルギーに転化させないのだろうか。こんなはずじゃない、と自分では思っていても、他人からみれば、そんなもんだよ、ということが多い。だからこそ、こうなるはずだ、ということをめざして、〝不満〟を〝怒り〟に変え、それをエネルギーに転化させること——それが大切なのだ。

今は、背中を見せることもありかな、と思ってる

大友康平を取材するのは実に4年ぶりのことである。かといって、別に彼を嫌っていたわけでも興味がなかったというわけでもない。ハウンド・ドッグのレコードはすべて聴いているし、コンサートもめぼしいのはほとんど見ている。その意味では、ハウンド・ドッグは気になるロック・バンドだった。ただ今ひとつピンとこなかったのだ。なぜピンとこなかったかというと、大友が雑誌やラジオで言っていることと歌の内容が一致していないというか、硬派を気どった大友のイメージに歌のほうが空まわりしているように感じられてならなかったからだ。

正直に言うと、歌を通して感じる大友と、ステージや雑誌、ラジオでイメージする大友との間にギャップが感じられたのだ。大友のイメージが硬派になればなるほど、歌とはかけ離れてしまう。だからこそ、ぼくはいまひとつ歌にリアリティを感じることができなかったのだ。

それが「Bad Boy Blues」で一変した。この歌を聴いたとき、ぼくはリアリティを感じてしかたがなかった。

この歌の主人公は、ナイフのような目をして何者かになるために頑張った。彼を支えていたのは夢と自信とプライドだった。何年か経って男は、こんなはずじゃなかった、と思っている。あのとき自分がめざしたものは今の自分ではない。そう思ったとき彼等はガク然とする。〝結局何も出来ずに、どこまでも中途半端で逃げる所もない〟——ひょっとしたら、これは大友かもしれない。いや、それはぼくかもしれないし、キミかもしれない。そんな中で大友はうたうのだ。〝愛する事しか出来ねえ〟と、そして、〝ひび割れたプライドの捨て場所を探してる　明日の為に〟と。ここにぼくはリアリティを感じるのだ。この歌は表面だけ聴くと、なんだだらしねえじゃねえか、と思われがちだが、実はまったく違うのである。プライドにこだわっているうちは、本当にすごいことなんてできない。それと同じように自分自身の弱さを知らない者は本当に強くなどなれないのだ。

〝愛する事しか出来ねえ〟——という一語は〝軟弱〟ではないのだ。愛する事が大切ということを知ったからこそ、本当の〝硬派〟になれたのだ。

この歌を聴いたとき、大友のイメージと歌がぼくの中で初めて一致した。だからこそ、会ってみたい、と思ったのである。

「よくあの歌をうたえたね。これまでの大友君だったら、死んでもうたわないんじゃないの……」

と言うと、彼は言うのだった。

「今までは男の美意識というか価値観で、男が背中を見せちゃいかんと思っていた。そう思っていたからこそ鋭角的に生きてきたんだけど、今は背中を見せることもありかなと思っている。それはほんとの弱さがわかるともっと強くなれるということを身を持って知ったからかな。『Bad Boy Blues』は、そんな意味では、ひとつの側面を広げたと言えるね。まあ、何がロックンロールなのか?というところから始まって、こういうことをうたっていくべきかな、ということがやっとわかってきたという感じじゃないですか…」

最悪の方法を選んで最高の形に

大友は今、何をうたうべきか、ということを知ったようだが、ここまでくるにはいくつかの転機があったはずだ。そしてそれを乗り超えることができたからこそ自信を持って、〝愛する事しか出来ねえ〟とうたえるのである。

その転機とは——。

ひとつは「浮気なパレット・キャット」が予想以上に売れなかったこと。そしてもうひとつはメンバー・チェンジである。

「浮気なパレット・キャット」は1982年1月15日に発売された。幾多の大ヒット曲を生み出したカネボウ化粧品のCMとして、この曲は鳴り物入りで発売された。

「やったね。これでオレたちも一流の仲間入りをすることができる」

と大友は思ったという。

ところが現実は、ヒット・チャートの20位そこそこまでしかいかなかった。それでも彼らにとっては初めてのヒット曲だが、カネボウのCMに起用されたからにはベストテンに入らなければ結果は失敗だった。ふつうならここでがっかりしてめげてしまうものだが、彼らは違っていた。

「こんなもんかな、と思いましたね。しょせんネーム・バリューのない奴はダメなんだと……。それからますますライブ志向になりましたね」

誰もがベストテン入りするだろうと予想していたのに果たせなかった。こんなはずじゃなかった、という思いが、彼らに強かった。だが、それを彼らは相手のせいにはしなかった。悪いのは自分たちに力がないのだと客観的に判断して、ライブ活動を充実させた。この正しい方向転換が彼らを救ったといっていいだろう。

人間とは不思議なもので、周囲から期待され、本人もうっかりその気になったときほど、結果が芳しくなかったときは、がっくりとくるものだ。あれだけお膳立てができていたのにと思うと、くやしさより情けない思いに駆られてしまい、立ち上がれなくなってしまうものだ。だが、冷静に考えてみると、自分に力がなかったことがわかる。しかし、うちひしがれているときに、そこまで冷静になれる人はそうざらにはいない。そんなわけでほとんどの人はリタイヤしてしまうことになる。そんな中にあって大友は違っていた。「しょせんネーム・バリューのない奴はダメなんだ」と悟り、地力を蓄えようとした。ここが並ではないところである。

大友は力のない悔しさを知って、初めて力を持つということはどういうことかということを知ったのだ。

続いてメンバーチェンジ。

84年春、〈グレート・エスケープ・ツアー84『狼と踊れ』〉のツアー直前にベースの海藤節生が脱退した。このときは鮫島秀樹（元ツイスト）をサポートとしてなんとか乗り切ったが、その年の9月に今度はギターの高橋良秀、ドラムスの藤村一清が脱退してしまう。

ハウンド・ドッグは、大友康平を中心にして箕輪単志（キーボード）、八島順一（ギター）、海藤、高橋、藤村の6人からなるロック・バンドだったが、いずれも大学時代の友人であっただけに、この脱退騒動にはつらいものがあった。

「やめた！」――その一言を言えば楽になれる。そんな状況に大友は追い込まれていた。相手が学生時代から苦楽を共にしてきた友だちだけに、去る者も残る者もつらかった。

大友は「最悪の方法を選んで最高の形にしたんです」と言う。

「苦楽を共にした仲間と別れることはつらい。オレはそれすらもできないんじゃないかと思っていた。でも、やったんです。それによって、人間の本当の弱さを知ることができた。と同時に、本当の強さもわかりました。そのとき、オレたちはうらまれるほど大きくなるしかないと思った」

彼は夢を実現するたびに、泣いて馬謖を斬った。その痛みは脱退して行った者たちの痛みであるとともに彼自身の痛みでもある。その痛みを知っているからこそ、彼はまた夢を実現することもなく去って行ったかつての仲間の無念さも痛いほどわかるのである。

大友は今本当に強い男になった。だからこそ〝愛する事しか出来ねえ〟と男の背中を素直にうたうことができるのだ。当然のことながら、歌に説得力が増したことは言うまでもないだろう。

いくたの修羅場を乗り越えて大友康平は強い男となり、そしてハウンド・ドッグはどこから攻撃されたとしてもビクともしない〝騎馬戦〟となった。後は、バンドを結成したときの〝ロマン〟に向かって突き進むだけだ。それを支えるのは自信でもなければ過信でもない。意地でもない。それは執念だ。

こんなはずじゃない、と思ったら、こんなはずだ、と言える状況まで自分を持っていく〝執念〟がなければ成功はないのである。そのことを知っている大友康平だけに期待したいものだ。

世良公則

走り出したハードボイルドロッカー！

過去に何をやったのか、ということは大したことではない。肝心なのは、今何をしているのか、これから何をしようとしているのか、ということだ。特に現役で活動している人にとっての価値基準は、そこにしかないと言っていいだろう。

巨人軍の王監督を見よ！　彼は3冠王を2度とり、868本というホームランの世界記録を持つ〝世界の王〟だ。しかし——。彼が巨人軍監督という〝現役〟で野球を続けるかぎり、そんな記録は何の役にも立ちはしないのだ。監督就任後2年間続けてリーグ優勝を逃した監督は過去の巨人軍にはいない。つまり、現在の王は優勝を逃した〝ダメ監督〟ということであり、彼が再び脚光を浴びるにはペナントを奪回する以外にないということだ。〝現役〟で活動するということは、要するにそういうことである。

今の王が〝世界の王〟に固執すれば、彼は〝博物館〟に行くしかないのである。

これは王にかぎったことではない。ニューミュージック・アーティストの中にも博物館に行ったほうがお似合いの人はずいぶんといる。嘆かわしいというしかない。

よりストレートになった世良の主張

今、世良公則が面白い。

5月21日に発売された2年半ぶりのソロ・アルバム第2弾『I am』を聴いたとき「オッ！」と思っ

た。そこには世良本人がいたからだ。オレは今こんなことを考えている。今こんなことをやりたいんだ――そんな思いが歌を聴いているとストレートに伝わってきた。そのアルバムで世良はアルバム・タイトル通りに〝オレだ！〟と主張していた。アルバムを媒体にして、世良とぼくは対峙することができたのだった。だからこそ、ぼくは世良という男に興味を覚えたので、5月31日の渋谷公会堂のコンサートに行ったのだった。

このコンサートを見て、確かな手ごたえを感じた。いや、より正確に言うなら、世良は歌に賭けていると思った。ツイスト解散後、世良は役者として活動を続けて2年半ほど経っていた。音楽は余技になってしまったのか、そんなことがちらりと頭に浮かんでくる時期でもあったので、そのコンサートは目のさめるような衝撃だった。なぜなら、ツイスト全盛期の世良のワイルドなステージの印象がぼやけてしまうほど、ロックしていたからである。

そのとき、これは本物だ、と思った。

そして、11月21日発売のニュー・アルバム『Fine, and you?』を聴いた。世良のやりたいことがさらにストレートに打ち出されていた。

半年間に2枚のオリジナルを作った世良――2年半という音楽的な〝ブランク〟があった後だけにこれは驚きである。

2年半の間に1枚のオリジナル・アルバムも作らなかった男が、半年に2枚作ってローリングし始めた。世良の中で何かが動いている。それを知りたいと思った。

世良に会うのは3年ぶりのことだった。ソロ・アルバム第1弾『MASANORI SERA』の直後だったから、それ以来会ってなかった。つまり、表面的には世良は音楽していなかったということだろう。

では、表面的に音楽していなかった2年半という期間は彼にとって何だったのだろうか？

〝井の中の蛙〟からの脱出

「ぼちぼち話しましょうか」と言って、世良は語り始めた。

「基本的には、もう1度、自分がどんなバンドで、どんなことをやりたいのか、と考えていたら2年半経っちゃったってことだね。正直に言って、まがりなりにもツイストというバンドで第一線で活動してたじゃない。だからレコードを作らないということは周りの状況が許さないわけよ。でも、できないもんはしょうがないよね。『MASANORI SERA』は一応ボーカリストに徹してやってみた。今考えるとあれはあれで面白かった。それまでスタジオ・ミュージシャンとレコードを作ったことがなかった。で、あのとき金を生み出すビジネスとしての音楽を常にやっているミュージシャンたちと仕事をしてみて、なるほど、こういうもんか、ということがわかった。ツイストっていうのは金を生み出すというより、やりたいことをやりたいようにやってたら、たまたま時代の鐘が鳴ったということだからね。『MASANORI SERA』を作ってわかったことは、やっぱりオレには譜面でやる音楽って合わないってことね。じゃあ、やめた。それだけのことですよ」

ツイスト解散後、世良は郷里の広島県福山市でしばらくぶらぶらしているときに「ドラマに出てみないか」と声をかけられ、何か刺激になればいい、と思って気楽に役者稼業を始めた。初仕事は、テレビ・ドラマ「さりげなく憎いやつ」（大原麗子、藤竜也主演）のレギュラー出演。続いて「太陽にほえろ！」のレギュラーだった。それ以降、テレビ、映画にと特異な才能を発揮している。だから、表面的には世良はロック・アーティストというより〝役者〟に見えるかもしれない。だが、役者を続けながら世良は〝何をやるのか？〟ということを着実に捜し続けていたのである。

「六本木のピットインなどのライブハウスでセッションをしながら、一緒にやれるミュージシャンを常に捜していた。そうだな、このメンツならアレンジャーがいなくてもレコーディングはできると思うようになったのは1昨年の後半かな。で、昨年の後半に初めてツアーをやってみて、今の世良バンドが固まった。後はもう転がるしかないよね」

世良は、もう一度、自分がどんなバンドで、どんなことをやりたいのか、と探していたら2年半という年月が流れてしまったという。だが、常識的に考えたら、世良ぐらいの人気者になると、どんな形であれ、レコードを作ることは可能だ。それこそ、スタジオ・ミュージシャンを使って世良はシンガーに徹するということは常套手段だと言っていい。しかし、世良はあえてそれをやらなかった。ということは、そこには、彼が音楽をやるときにはこうするという明確な〝意志〟があるということだ。その意志とは何だろうか?

「ソロになったとき、自分の中でこうなったらいいなというイメージはあったわけ?」

そう尋ねると、返ってきた世良の言葉は印象的だった。

「ないですね。それは今もない。オレはどんなことをやってても、最終的にはオレが育つ以外にはないと思っている。オレが弁護士でもサラリーマンでも、オレ自身が成長してないとどうにもなんないでしょう。どっかでとまっちゃってれば、それはもう後退でしかないですからね」

世良は役者という未知の世界に身を置くことで、自分が〝井の中の蛙〟だったことを知ったという。〝ロックのスター〟だという自負心は、石原裕次郎、藤竜也、原田芳雄ら出演者の前では〝無〟に等しかったのだ。

「あの人たちって、それまでやってきたことを毎回毎回ぶちこわして、ゼロからまた新しいことをやっている。その積み重ねがあれだけスケールの大きい人間にしていると思えるんだ。ともかく人間がでかいよ。それに比べると、ロック界で40歳代の現役は内田裕也さん、かまやつひろしさん、と数えるほどしかいない。役者とミュージシャン、どうしてこんな差があるのか、そう考えるとがっくりするね」

映画でもテレビでも役者の世界は、年端もいかない子役から70、80歳の老人役まで、実に幅広い人たちが映像という中で同居している。つまり、それだけ幅が広いということだ。ところが、ロック界は一番上で40代がほんのひと握り、そして30代20代がいて、10代がそこそこと幅が狭い。しかも、第一線で活躍しているとなると、これはもう20代と限定されてしまう。

過去を断ち切って

世良はこの12月14日に30歳になる。「早くなりたかった」と言う。

「20代はいくらでも走れたし、汗かけばごまかせるところもあった。でも、オレは30代になってもバリバリでやりたいんだ。10代には10代のはまり役が、20代には20代、30代、40代にはそれぞれ30代、40代のはまり役がいてこそ、幅が広くなるってことじゃないだろうか」

世良は今やっと30代を疾走できる自信を得たようだ。I am ——オレだ、と言える自信。それはツイスト解散後、役者の世界に入ってもまれ人間として成長したからに他ならない。

だからこそ、世良は現在の若いミュージシャンにはきびしいのだ。

「チェッカーズ以降たくさんのロック・バンドが出ているけど、パワーが感じられないね。テレビを見ているとアイドル歌手のあて馬的に使われている。あれはないよな。たぶんあいつらは、ツイストが何だ、世良が何だ、オレたちだったらこうすると思ってたはずだ。それが見事なまでに14インチのブラウン管の中に収まってしまっている。もっと浮いた存在であって欲しい。人に踊らされないで欲しいね。価値観を自分で作って欲しいと思うね、本当に……」

今の音楽界、売れたら勝ちという価値観で動いている。だから、「ヨーイ、ドン!」という鐘が鳴ると、誰もが反射的に走り出してしまう。考えてみればこれほど哀れなことはない。

世良は今、自分の鐘は自分で鳴らそうとしている。誰かが鳴らした鐘に反射的にビクッと反応するのではなく、余裕を持って歩き出そうとしているのだ。それは30代の世良にしかできないことをやろうとしているからである。

この2年半――表面的には世良は音楽から遠ざかっているように見えた。しかし、それは違うのだ。世良がツイストという〝過去〟に固執していたからこそ、彼はどんな形でも音楽活動を続けていただろう。逆に、過去を断ち切りしがらみを断ったからこそ、現在の世良が存在しているし未来があるのだ。

「オレをミュージシャンじゃない、役者だと、見たい人は見れば……。でも、オレはどんな状況でも音楽がやれる。それがオレの武器だね」

過去の実績に固執しない世良――彼こそハードボイルドなロッカーだ。ゆえに〝明日〟が楽しみ、なのだ。

過去を断ち切れないヤツは化石になるしかない――肝に銘ずべきだ。

REBECCA

挫折をプラスに変える不屈の闘志

挫折を乗り越えたREBECCA

〝REBECCA（レベッカ）〟のニュー・アルバム『REBECCA IV』が、アルバム・チャートで初登場1位を記録した。そして2カ月経った今でもベストテン内に留まっている。シングル「フレンズ」も好評で初のベストテン入りをして、REBECCAは今や絶好調である。

REBECCAは1984年の4月に〝ニュー・ウェイブ〟バンドとして鳴り物入りでデビューした。それから1年半余りで〝人気バンド〟になってしまったので、多くの人はREBECCAをポッと出のバンド、紅一点の人気ボーカリストNOKKOを〝シンデレラ・ガール〟と見ているだろうが、実はそうではない。REBECCAはバンドとして大きな〝挫折〟を乗り越えてきたし、NOKKOも個人として大変な〝挫折〟を乗り越えてきたのだ。

今年の2月——REBECCAはメンバー・チェンジをした。オリジナル・メンバーが2人抜けて新メンバーが2人加わって、現在のメンバー——NOKKO（ボーカル）、土橋安騎夫（シンセサイザ）、高橋教之（ベース）、古賀森男（ギター）、小田原豊（ドラムス）——となった。

メンバー・チェンジはバンドにとってよくあることだが、このときのメンバー・チェンジはそんなに生易しいものではなかった。というのは、ギタリストであり〝リーダー〟でもあった木暮武彦が脱退したからだ。ふつうならリーダーが抜けた時点で解散だ。このときのメンバー・チェンジは解散という危険性を含んでいたというわけだ。しかし、その危機を彼らは乗り越えたのだ。

「頼れる人がいなくなって、頼れるのは自分しかいないと感じたとき、自分のうたいたい詞の世界が見えてきました」

と、NOKKOは言う。

彼女は脱退した木暮を音楽的に尊敬していたし、その感性に共鳴していた。だから、彼女は彼という〝枠〟の中で必死についていこうとしていた。その枠とは〝ニュー・ウェイヴ〟だ。ところが、彼が脱退してしまうと、その枠がなくなってしまったので、必然的に彼女ならではのオリジナリティが問われることになる。これは彼女に限ったことではなく、他のメンバーにもいえることだった。

NOKKOは言うのだ。

「今年の初めにメンバー・チェンジがあったんです。そのときに抜けたギタリストにすごい才能を感じていたのね。だから、彼に近づこう、彼に合わせようとしてたんです。でも、自分でやりたいことが膨らんできちゃったから、それが難しくなってね。そして彼が抜けると、今度は頼りにするものが失くなったわけ。結局、自分を頼りにするしかなくなったの。メンバーひとりひとりがそう感じたから、独自な方向へと進んだと思うんだよね。いつもセッション感覚を忘れない、個々の色はバラバラなんだけど、集まるとそこから素晴らしいサウンドを生みだすバンドと、みんな同じ色をしていていつも一緒にずっとやってくバンドと2種類あると思うの。REBECCAは前者のほうだから、自分が一生懸命うたわなくなったら誰かが離れていくだろうし、誰かが一生懸命プレイしなくなったら他が離れるだろうね。そういうつながりというか絆が強いんです」

解散の危識を含んだメンバーチェンジだったが、彼らは一致団結して、それを乗り越えた。その結果、木暮に頼らない新生REBECCAの進むべき〝独自の方向〟——ニュー・ウェイヴという狭い枠にとらわれないで、もっと自由にロックしようと決め、現在の、REBECCAのスタイルが明確となった。そのスタイルが確立したのはサード・アルバム『WILD & HONEY』からだ。そして、それがニュー・アルバム『REBECCA IV』で花開いたというわけだ。

その意味では、解散の危機を含んだメンバー・チェンジという〝挫折〟を乗り越えたからこそ、現在のREBECCAは存在しているのである。

バレリーナからロックボーカリストへ

NOKKO——15歳。高校1年のことだった。このとき彼女はヘヴィな挫折を体験している。

彼女は幼少の頃からクラシック・バレエを始めた。やがて、それが〝バレリーナ〟になりたいという〝夢〟に姿を変えていった。

しかし——。

現状把握できるような年頃になった彼女は、否応なしにバレエ界の現実を知ることになる。

《クラシックバレエでは仕事にはならないんだわ》

バレリーナになることだけをひたすら夢見続けてきた少女にとって、バレエではメシが食えないという現実を知ったことは大きなショックだったし、ヘヴィな挫折だった。

夢が現実の前で急速にしぼんでいく。

ただ、それでも、それから1年半余り、彼女はバレエを続けた。未練の糸が尾を引いていたからだ。これはしかたがないことだった。子どもの頃から見続けてきた夢をそう簡単にあきらめきれるものではない。しかし、その未練の糸を高2のときに彼女はすっぱりと断ち切ったのだ。もしもその未練の尾を断ち切ることができなかったなら、今頃彼女は町の小さなバレエ教室の先生をしているかもしれない。

ちょうどそんな頃、2つ違いの兄が、自分が結成しているロック・バンドがリハーサルをしていた貸スタジオに彼女を連れて行った。バレエを辞めてから、何もすることがなくて落ち込んでいる彼女を勇気づけようとする兄の粋なはからいだった。結果的に、これが彼女の運命を変えてしまうことになる。

「バレエって、あらかじめ形があって、その形にいかに近づけていくかってことが大切だけど、アドリブを弾いているギタリストを見たりなんかするとき、何て自由なんだろうっていうかさ、メチャクチャがものになっちゃうのっていうのは初めて見たから、あれは何てカッコいいんだろうと思ったのね。それに対して、枠がないと何もできない自分が、ものすごくダサイなと思っちゃったりね。教えられなきゃ何もできないって……」

そう思ったとき、彼女は内気で典型的な内弁慶の性格を変えようと決意した。

彼女はバレエを習っていることをクラスメイトには内緒にしていた。お嬢さんぶって、と変に思われたくはなかったということだが、それだけに優越感の薄い少女だった。

「要するに、恥ずかしいとか、キナ臭いっていうのをかなぐり捨てると、誰でも好きになれるみたいよ」

彼女は学校に行くと、さっそく「女の子でロックバンドを作ろうよ」と声をかけ、彼女をボーカリストとする〝ドール〟という女性ロック・バンドを結成する。この〝ドール〟というバンドでアマチュア・コンサートに出演していたときに、同じくそのコンサートに出演していた〝REBECCA〟に彼女は引き抜かれる。そして、あるコンテストでREBECCAはCBS・ソニー・レコードのディレクターにスカウトされる。彼女が高校3年の終わりの頃だった。

バンドを結成して1年も経たないうちに彼女はスカウトされてしまった。ラッキーというしかないが、その裏で彼女は血のにじむような努力をしていたことを忘れてはならない。

高校3年の夏休みのこと。彼女は実家が電気店だったので、店が終わった後、誰もいない店の中で、カルメン・マキなどのテープをセットして、それに合わせて大きな声でうたった。照明を消し、売り物のセット・ライトをピン・スポットがわりにして思い切りうたう。そんなことが40日間も続いた。電気製品が彼女の観客だった。

3日目で声がガラガラになり、4日目で完全に出なくなった。それでもうたい続けていると、10日目あたりからまた出るようになり30日目になるとノドをしぼって無理しなくとも大きな声が出せるようになった。

声が出るようになると、今度はテクニックを学んだ。当時ハードロックの理想的な女性ボーカリストといわれたカルメン・マキの完全コピーをしようと彼女は思い立つ。ビブラートの回数までそっくりマネた。こうして夏休みが終わる頃には、彼女はいっぱしの女性ロック・ボーカリストになっていた。

なぜ彼女は40日間も練習できたのだろうか? それはバレリーナになるということに挫折したので、それにかわる夢を〝ロック〟に求めたからである。ここで頑張らないと何もやることがなくなってしまう。その意味で、挫折が彼女を立ち直らせたのだ。

このように、一見あまりにもラッキーに見えるREBECCAだが、その背後にはそれなりの苦労があるのである。彼らは挫折を乗り越えたからこそ、まだ売れる前、客が2人とか3人しか入らないライブハウスでもめげないでライブ活動をやれたのだ。

挫折してナニクソと奮い立つか、敗北感にうちひしがれ何もやる気がなくなるか——ふたつにひとつだが——はっきり言えることは成功したいと思うなら前者を取るしかない。挫折をプラスに変える大切さをREBECCAは教えてくれているのである。

ALFEE

〝ぼくらが、いつまでも、いる〟これこそがALFEEのポリシーなんだ

アルフィーにとって、今年——1986年は〝転機〟である。

いや、正確を期すなら〝正念場〟といったほうがいいだろう。

なぜかというと、彼らは「メリーアン」のヒットでメジャーになって以来、今年で3年目に突入して、今まで以上に〝ポリシー〟と〝カラー〟を鮮明にしなければならない時期を迎えているからだ。

これまでのアルフィーは恵まれている面もあった。彼らに対する人々の視線がいたって友好的だったからだ。周知のように、彼らはメジャーになるまでに9年間という下積み生活を経験してきている。だが、彼らは決してくじけなかった。彼らはライブ活動を唯一の支えにして、ひとりずつ客を獲得して、「メリーアン」で売れる2年ほど前には、コンサートの観客動員にかけてはメジャーだった。そんなときに、〈アルフィー、頑張れ!〉コールが自然に湧き起こってきた。コンサートがあんなにすごいグループが売れないわけはない。後はシングル・ヒットだけだ。アルフィー、頑張れ!……という声援が日増しに高くなっていったのだ。そんな声援を背に受けて彼らはひたすら頑張ったし、彼らの先にはアリス、オフコースなどたくさんの目標とするアーティストたちもいたので、彼らに追いつけ追いこせということで目いっぱい突っ走った。そして、ふと気がついてみると、彼らは現在トップを疾走しているという現実がある。

不思議なもので——あれほど声援を送っていた人々の一部も、今では「あいつらはいつまで走れるの

だろうか？　もうぼちぼちバテてくる頃だろう」という冷ややかな視線を送るようになっている。加えて、彼ら自身も目標にしてきた先頭集団がいなくなってしまったので、ただひたすら自分たちの中でエネルギーをかき立て、考えながら走らなければならない状況にある。

彼らにとっては精神的に今が最もきつい時期かもしれない。かつての友好的な視線と熱い声援ではなく、冷静な視線を全身にあびてなおかつ心の中で自分を奮い立たせて、そのエネルギーで走り続けなければならないからだ。

彼らは今、苦行僧さながらの瀬古利彦選手（マラソン）のような立場になりつつある。果たして、彼らは〝何〟を支えにして、この正念場を乗り越えようとしているのだろうか？　ここを乗り切ると新境地が開けることは確かだが、しかし——もしもそうでなかったとしたなら、彼らはフェイド・アウトしていかなければならないかもしれない。そんな意味で、きわめて重要な今年——彼らはこの正念場をどう乗り越えようとしているのか？　3人にウエスタン・ラリアート級のインタビューをしてみた。

アルフィーの〝これから〟を支えるエネルギー

——「メリーアン」でメジャーになってから3年目。これまでは先輩たちを目標にして追いつき追いこせで頑張れたけど、これからはそうはいかない。自分たちならではのものをやらなければならないし、もっと強く出していかなければならない。その辺はどう考えているんだろうか？

高見沢俊彦　上を見ていたことは確かですけど、まあ、今はあんまり関係ないなっていう感じですね。ぼくらには横のつながりがないんです。同じ世代にはぼくらしかいないし、後はみんな下になってしまう。だから、独立独歩でやってきたという気分ですね。ただ、ガロとかアリス、かぐや姫など同じ3人組のグループは常に意識してきました。みんなある程度の下積みがあって、徐々に固定ファンを増やしていって、あるときメジャーになって、そしてすぐに解散してソロになっていくっていうパターンがあるでしょう。ぼくらはそれだけはマネしたくないですね。だって、解散は本気で愛してくれている人間への裏切り行為以外の何物でもないでしょう。それとぼくらはソロ・アルバムを出す気はまったくありません。

――それは出す必要がないってことかな？

高見沢　そうですね。ソロ・アルバムを出すぐらいなら、そのやりたいことをグループの中でやればいいということです。アルフィーの良さは何でもできちゃうこと。

10年間やってきてやっとグループとしてベストの状態になった。これを崩したくはない。ぼくは保守的な人間ですから……。

――10年間やってきて今がベストの状態だとは頼もしい発言だが、アルフィーとしての意思統一はどういうふうにしているわけ？

高見沢　たとえばAという案があったとしたら、これを考えた奴がまず提案する。それで3人がいいと決めたらやる。まあ合議制ですね。

桜井賢　1から10まで言う必要は別にないんです。お互いに付き合いが長いんで、7つくらいまでは何考えているか自然にわかっちゃっているから、あとの2、3を話し合えばいい。

坂崎幸之助　そうですね。基本的な精神は今さら確認する必要はない。それはお互いが信頼しているから、後はどういうふうにやるのかという方法論だけですね、3人で真剣に話し合うのは。

――阿吽の呼吸というわけだ。ところで、アルフィーという名前に引っ張られるってことはない？　さだまさしは、「精霊流し」のグレープというイメージを突き崩そうとして「朝刊」などいろんなタイプの曲に挑戦したけど、結果的に売れたのは「精霊流し」と同一ラインの「無縁坂」だったという事実にショックを受けて解散しようと決めた、と前に行っていたけど、アルフィーの場合もイメージに規制されてしまうってことはない？

坂崎　それはないんじゃないですかね。アルフィーっていうと、この3人の顔はすぐに思い浮かぶと思うけど、これだっていうイメージは稀薄だと思うんですよね。確かに「メリーアン」のイメージはあるかもしれない。だけど、最近はタイプの違うシングルをたくさん出しているからイメージはグシャグシャになってしまっている。だから、アルフィーのイメージっていうのはなんかボーっとしてるんじゃないですかね（笑）。

桜井　ボーっとしたぶん、世の中に出るのが遅かった。

――それは言えているね。そういえば、売れる直前あたりはもっとイメージをしぼればといろんな人に言われたんじゃない？

高見沢　言われましたね。たぶんそのときはぼくらはいいかげんにやってるように見えたと思うんです。でも、3人の中で楽しければいいいって思ってましたね。売れれば、これがイメージになるんだと思ってね。

――その頃、次はシングル・ヒットだ、と期待されていて、それでことごとくコケ続けたじゃない。あの頃って、相当なプレッシャーはあったのかな？

高見沢　正直言って、ぼくはきつかったですね。曲をぼくが作っていたでしょう。だから、売れないのはオメーが悪いんだって言われて（笑）……。でも、最後はコケ方も慣れてしまって、またダメだった、ごめん、て開き直ってましたけどね（笑）。

――コケ続けてどん底の時ってあったわけじゃない。そんなときはどう思っていた？

坂崎　ぼくは大丈夫だと思ってましたね。

高見沢　楽曲とかステージングにはまるで自信はなかったけど、ぼくら3人のキャラクターには絶対の自信を持ってました。こんなバラバラな3人はいない。こんなユニークなキャラクターはないから、これは大丈夫だ、いつかきっと売れるという自信はありました。

――なるほど。それとコンサートに客が入っていたということはあるんじゃない。コンサートで受けているという自信があったからやれた……。

坂崎　それは絶対にありますね。もしお客も入っていなかったら、何を支えにしたらいいかわかりませんからね。

高見沢　だから、ぼくら今はどんな状況がきても怖くはないと思っています。下積み時代、ぼくらは上積み時代っていってるんですけど、ウルトラマン・ショーから常磐ハワイアン・センターまで至る所でライブをやってますからね。とはいっても、そんなところはできるならやらなければそれにこしたことはないんだけど、そういう修羅場をくぐってきたことで精神的には相当強くなりましたね。だから、どんなことが起こっても別に怖くはない。

坂崎　ぼくらっていきなり売れたグループじゃないでしょう。小ホールから中ホールへ、中ホールから大ホールへ、大ホールから武道館、横浜球場へと一歩ずつ上がってきた。だから、浮かれることはないし、現実をシビアーに把握していると思います。

高見沢　他人はぼくらのことをどう見ているかわからないけど、ぼくはアルフィーの価値はこれからだと思っている。ピークだと思っていない。まだこれからだ、というのが正直な気持ちです。

〝数〟ではなく〝心〟を

「アルフィーはまだこれからだ」――高見沢のこの言葉には深いものがある。

というのは――客観的に見ると、彼らは昨年までがピークだと思われており、今年からは安定路線、もしくは下降線をたどるだろう、というのが業界の大方の予想だからだ。そんな中にあって、高見沢は「アルフィーはピークを迎えてはいない、むしろこれからだ」と言う。これは簡単そうに見えて、実に深いものがある。

人は自分がめざしていた山の頂をきわめたと思うと、ほとんどの人はホッと一息ついて気を抜いてしまう。しかし、そこからは何も生まれはしないのだ。山の麓にいたときには見えなかったひときわ大きな山が、山の頂に立ったときにはそのむこうに見えるはずなのだ。その山を見たとき、次にその山の頂をきわめようとするなら、いったん登った山を降りて、また登らなければならない。これはつらいことだ。つらいからこそ、ほとんどの人は自分が登った山の頂にしがみついてしまう。お山の大将というわけだ。だが、アルフィーはそうではない。他に高い山があったら登ろうとする。だから「まだこれからだ」と思えるのだ。

ある人は、「アルフィーは十分にやった。もういいじゃないか」と言うかもしれない。確かに、彼らは立派な実績を持った。その実績にしがみついたとしてもおかしくはない。それでも、彼らはやり続けようとしている。彼らは〝何〟をやろうとしているのだろうか？

――高見沢は「アルフィーはまだこれからだ」って言うけど、じゃあ、次は何をやろうとしているわけ？　それはイベントかな……。歴史に名を残すための方法、これには3つある。ひとつは井上陽水の『氷の世界』135万枚というレコード・セールス記録を破ること。後はオフコースの武道館10日間コンサートを抜くことと野外の場合は6万人以上を動員することかな。

高見沢　今年は8月3日に野外イベントをやりたいと思っています。場所はまだ未定なんですけど、東京都で海の見える所を捜しています。

――数にはこだわる？

高見沢　武道館10日間コンサートのように数字だけが残っちゃうようなのって嫌ですね。要は数字ではなく、昔のつま恋（75年8月の拓郎＋かぐや姫・つま恋6万人コンサート）みたいに、人の心の中に感動となって残るもの、そういうのをやりたいですね。ぼくらって目標を持って突き進んできたグループじゃないですからね。武道館をやるために組んだグループでもないし、故郷に錦をっていう感じでもない。まあ、目標をおかなかったぶんだけ追い抜かれたこともあったけど……。今やりたいことっていうのは、結局、この3人でいつまでもステージがやっていけることですね。そのために何をするか、そう考えていろいろ見えてくるタイプのグループですね。

坂崎　3人でやることの面白さって口で言ってもわかんないと思うんですよね。ぼくらを見て、楽しそうだな、と思ったら、みんなもグループを組んでやってもらいたい。そんなことを伝えられたらいいですね。

高見沢　とにかくいつまでも3人でコンサートを続けていられるってことが一番の目標ですね。

桜井　3人でやり続けることができるために長い間頑張ってきたんだからね。

「3人でいつまでもステージをやっていきたい」――これほど明確なポリシーはない。こう言い切れるところがアルフィーのアルフィーたる由縁である。

「大きな会場で何日も続けてコンサートをやることも、ひとつのステータス・シンボルだと思うけど、ぼくらにとってのステータス・シンボルは〝ぼくらがいつまでもいる〟ということなんです。それは先に売れて解散していったグループに勝つ、ただひとつの方法でもありますね……。考え方、古いかもしれないけど」

高見沢はそう言って苦笑したが、この考え方にぼくは賛成である。やり続けることだけが新しい何かを生み出すための唯一の方法だと思っているからだ。このポリシーが失くならないかぎり、アルフィーはアルフィーとして存在できるだろう。

純粋な音楽の作用を大切にして…

話は変わるが、昨年のニューミュージック界には、ふたつのイベントがあった。
ひとつは、6月15日に国立競技場で行なわれた〈ALL TOGETHER NOW〉で、吉田拓郎、オフコース、さだまさしなど20数組のアーティストが出演し、6万人の観客を動員した。
もうひとつは、7月13日午後9時から翌14日正午まで15時間ぶっ続けで、アフリカの飢餓を救おうという趣旨で行なわれたチャリティー・コンサート〈LIVE AID〉である。これには英米あわせて50組以上のアーティストが出演し、日本勢はこれを独占中継したフジ・テレビからスタジオ参加という形式をとった。

このふたつのイベントに参加するかしないかで、それぞれのアーティストのポリシーが明確になったが、アルフィーは前者には参加したが後者には参加しなかった。

――〈ALL TOGETHER NOW〉は出てみてどうだった。

高見沢　あれはスケジュールがあいていたからたまたま出たんだけど、国際青年年とかアフリカ救済ということは聞いていなかった。あのとき、みんなセッションで単独でやったのはぼくらぐらいでしょう。ああそうか、と淋しく思ったことは事実ですね。あのイベントをニューミュージックのお葬式っていう人もいるけど、ぼくは、あれは始まりなんだと思いたいですね。

――〈LIVE AID〉に関してはどう?

高見沢　チャリティー・ブームってぼくは好きじゃない。だって、本気でやっている人に失礼じゃない……。

──僕が〈LIVE AID〉のときに思ったことは、アーティストがもっと積極的に発言すべきだと思った。チャリティーに賛成だ、反対だ、それをはっきり言う義務はアーティストにはあると思うんだ。それが参加した人はただエヘラエヘラ笑ったり、何も考えないでチャリティーは文句なしにいいことです、と言ったり。また、参加しない人はなぜ反対なのか一言も言わない。それじゃあ、聴き手が支持しようにも支持できないよね。だから、アーティストはこれからもっと積極的に社会に向けて発言していくべきだと思う。そのあたりはどんなふうに考えている？

高見沢　ぼくは音楽っていうのは心の傷を治す薬だと思っている。ナイフの傷は医者に行って縫いつければ治るけど、心の傷はそうはいかない。そんなときに音楽があるというか、とりあえず音楽のその作用だけでぼくはいいと思っている。だから、国際的というか社会的なことを取り上げるより、個人的な失恋や夢などを大切にしていきたい。アルフィーは、音楽はまだ未完成だけど、コンサートの中では、やっとある程度のことはできていると思う、ぼくらのコンサートに来て、汗とか涙とかを感じてくれて、自分自身のピュアな心を確認さえしてくれたら、それでいい。ぼくは、コンサートで、さあ手をつなごう、とは絶対に言わない。みんなすぐに手をつないじゃうんだよね。これは危険なことなんじゃないかな。別にハンド・イン・ハンドを否定するつもりはないけど、なんかそんな風潮だけがどんどん進んでいっちゃうと危ない気がする。チャリティーだってそうだよね。みんながやってるからぼくも……じゃ危ないと思う。だからこそ、ぼくはもっと身近な個人的なレベルから生まれた音楽を大切にしたいし、それで心の傷が治せたらいいと考えている。

アルフィーはそのキャラクターからか、いいかげんそうにみられるところがあるが、このように本質に関しては真剣に考えているのである。〈LIVE AID〉になぜ出なかったのか？　それは彼らのポリシーであり、そのポリシーとは〝心の傷を治す音楽〟をめざしているからだ。

3人でいつまでもコンサートを続ける。心の傷を治す音楽をやる。――このふたつがアルフィーの基本ポリシーだということがわかったが、最終的に、それをやり続けることができたなら、アルフィーにしかできないことがそのときにできあがっているということだろう。

アルフィーは高見沢、坂崎、桜井、3人のコンビネーションが実にいい。高見沢が先発して、坂崎が中継ぎをして、桜井がきれいにおさえる。だから、相手がピッチャーの癖に慣れないうちに敵はなす術もなくやられてしまうことになる。それと同じように、アルフィーはなかなか〝尻尾〟をつかませない。アーティストが尻尾をつかまれたらそれで終わりだが、そうはさせないから、彼らの後を追うことになる。そのフットワークの良さを生かしつつ、さらに基本ポリシーに磨きをかけて欲しいものだ。そうすれば、本当の意味で、アルフィーでなければできないことがやれるだろう。

ニューミュージックの凋落と再興の狭間に現在はあるが――この中継ぎを見事にやり遂げることができるのはアルフィーしかいないのだ。その大役を見事にはたせたなら、アルフィーは本当の意味で〝スーパースター〟になれるだろう。

いずれにしても、アルフィーは正念場を迎えているし、ニューミュージック再興はアルフィーの双肩にかかっている。それだけは確かなようだ。

財津和夫

限りない可能性に向かう新生チューリップ

人は何者かになろうと思ったときや何事かを成し遂げようと思ったときは、絶対といっていいほど自分に対する〝甘え〟を自分自身で断ち切らねばならない。それができないかぎり、自分が望むような明日はやってこないだろう。

悪しき流れ（惰性と言い換えてもいいが）は、必ずどこかで断ち切らねばならない。そのためには、まず自分自身の〝甘え〟を断つことから始めなければならないのだ。自分自身に対してきびしく対処して、これはいかんと思ったら、これでいい、と思えることを何が起きてもやり通さなければならない。とは思っても、人間というものは自分に対しては甘いもので、「いいや明日から頑張ろう」と自分自身を慰めて、結局のところ、「また明日から……」と永遠に続いて、何もできないというわけだ。

そんな繰り返しのほうが多いのが、まあほとんどの人々の日常だとは思うが、その甘えを断ち切らなければ、夢は絶対にかなえられないこともまた事実である。

甘えを断つ――これほど重要なことはない。

線を先にひこう

1月8日――渋谷公会堂で、〝新生チューリップ〟のコンサートを初めて見た。9月11日に浦安市文化会館からスタートしたコンサート・ツアーを途中で何度も見る機会はあったが、そのつどスケジュールの都合がつかなくて、とうとう最終日（1月8日、9日、渋谷公会堂）を迎えてしまったというわけだ。

新生チューリップのコンサートの模様は友人のライターや関係者からいろいろな感想を聴いていたが、メンバー・チェンジによってどう変わったのか、この目でどうしても確認したいと思っていた。というのは、10月29、30日に渋谷公会堂で収録されたライブ・アルバム『コンサートはチューリップ』（2枚組）を聴いて、あまりの変わりようにびっくりしていたからだ、その変化をこの目で確認して、新生チューリップが何をめざしているのか読みとろうと思ったわけである。

コンサートを見ての感想は――はっきり言って、あまりの変化に唖然としてしまった。財津和夫がハンド・マイクでうたう姿にびっくりもしたが、リズムのタイトさ、リズムを前面に押し出したサウンドには目をみはるばかりだった。チューリップというと、どちらかというとメロディ重視のグループだったが、それがリズム重視に変わっていて、あたかも現在の若手のバンドのコンサートを見ているような錯覚に落ち込んでしまったのだ。

この唐突とも思える変化の背後にあるものは何か？　それを知りたくて、1月24日、渋谷「DOVE」で財津にインタビューをしてみた。

まず初めに、メンバー・チェンジをなぜコンサート・ツアーが始まる直前にしたのか、ということから尋ねてみた。周知のように、ニュー・アルバムの『I Like Party』は前のメンバー（財津、宮城伸一郎、安部俊幸、姫野達也、伊藤薫）と現在メンバーの松本淳（その頃は準メンバー）でレコーディングされた。そしてコンサート・ツアーは“I Like Party”で当然ながら、このニュー・アルバムを引っ下げていうことになる。ふつうなら、たとえメンバー・チェンジが事前に決定していたとしても、ツアーが終了した時点で正式にメンバー・チェンジをするのがふつうであるにもかかわらず、財津は旧メンバーはレコーディングまで、コンサート・ツアーは新メンバーで、という選択をした。あえてこの選択をした真意はどこにあるのだろうか？

「線を先にひこう。それから精神を後からつけていこうと思ったんです」

そう前置きしてから、財津は言葉を選びながら静かな口調で語り始めるのだった。

「話としては一昨年の夏ぐらいからあったんです。彼らのほうからもっと新しいことをやりたいという申し出があって、まあ、グループの場合、同じ目標を持ってやっていくというのは長くやっていると難しくなりますから、それは当然だと思っていたんです。ですから、それからは飛び越える方法を捜していたんです。で、いよいよとなったとき、確かに考えました。コンサート・ツアーが終わってからでもいいだろうと……。富澤さんがおっしゃるように、その方が自然だとも思いました。でも、思い立ったら吉日というか、どうせ別れるんだったら早いほうがいいと思ったんです。大変かもしれないけど、新しいことを早くやったほうがいいと結論を出したんです。そのほうが、彼らにとっても早く自分たちのやりたいことができるんじゃないかって」

人間とのつき合い、音楽の追求——どちらも真理

ここまで話して財津は苦しそうな顔をした。だが、すぐに気を取り直して、再び淡々と語り始めた。財津の口調は決して熱っぽくはないし、大言壮語はしない。常にクールにぼくとつに話す。それだけに心情吐露になるとぐっとせまってくるものがあるのだろう。

「正直な話、チューリップを始めたとき、ぼくはグループというのはよく持って3年だろうと思ってました。だから、メンバーにはいつ終わってもいいように心の準備はしておけと言っていました。それがいつの間にかコンサートに追いまくられて……。コンサートを年間100本以上やっていると物理的に、

余裕を持って何かを考えるということができなくなるんです。結果的にグループを長く続けてしまった、という気持ちは常にありました。そして、これはいい傾向じゃない。刺激がないし、これでいいのかなあと思い始めたんです。グループを初めた頃は、純粋に音楽を追求するんだと思っていたんですが、その頃になると、1番目に人間との付き合い、2番目に音楽の追求、というふうに考え方が変わってきました。そう思ってからは、とにかくグループを長く続けようとひたすら考えましたね。そうしてやっているうちに、ノレン分けしたい、という意見が出て、上田と吉田が抜けて、1度目のメンバー・チェンジがあったわけです。この後からはまた考え方が変わりました。それまでは人間との付き合いがすべてだと思っていましたけれども、人間との付き合いがすべてだというのも50パーセント、音楽の追求がすべてだというのも50パーセント、だというふうに考えるようになったんです。つまり、どっちも真理なんだと。だとしたらどっちに転んでもいいやって……。それからは、自分であれこれと考えるのはやめて、しょせん人間のことですから、人間が勝手に動いたら、それはそれで流れにまかせようと思ったんです。ですから、彼らから話があったときもわりと平静でしたね」

メンバー・チェンジは時の流れだから、その流れに身をまかせる――それが財津流の考え方だが、チューリップというグループをメインに考えた場合は、1度目のときと違って今度の場合は難しいものがあった。1度目のときは上田雅俊、吉田彰のふたりが抜けたとはいえ、デビュー当時からのオリジナル・メンバーは財津、安部、姫野と3人もいた。だから、宮城と伊藤が加入しても、チューリップは変わったというイメージはそれほどなかった。だから、それまでのチューリップファンは容易に受け入れることができたのだ。ところが今度の場合は、安部、姫野が抜けたことで、オリジナル・メンバーは財津ひとりになってしまった。いくら財津がこれまでチューリップの〝顔〟だったからといって、それでチューリップというものが成り立つのか？　疑問がないといえば嘘になる。

財津もそんなことを考えて、チューリップという名前を捨てることも1度は考えたと言う。

「彼らにチューリップという名前を継がないかとも話したんですが……。まあ、ぼくにも愛着はあるわけです。でも、ガキっぽいなと思うことも……。で、どうしようかと悩んだんですが、これがチューリップなのか、チューリップじゃないのか、はぼくらが決めることじゃないな、と思ったんです。それは第三者が決めることだって……正直に言うとチューリップは1度目のメンバー・チェンジのときに終わっているかもしれませんね。

でも、その後もチューリップとしてやり続けられたのはチューリップだったからです。つまり、やり続けることができなかったら、それは第三者がチューリップじゃないと判断を下したということです。それがそうじゃなかった。今回も同じだと思いました。考えるのはやめよう、チューリップじゃないかどうかは、第三者に判断してもらおう、と。ただメンバー・チェンジをしたという事実だけは告知しようと思いました。そうしないと、知らないでコンサートを見に来たお客さんには嘘をついたことになり、詐欺行為になってしまいますからね」

安全策を捨てた財津

新生チューリップは、そんな危惧を内に孕みながらコンサート・ツアーをスタートした。財津にとっては不安だったに違いない。もしも観客動員数が芳しくなかったら、それは現在の〝チューリップ〟をファンは〝チューリップ〟だと認めていない証しになってしまうからだ。それでも財津はあえて新メンバーでチューリップをスタートさせた。たぶんそのまま前のメンバーでチューリップを続けることもできたかもしれない。だが、財津は安全策を捨て、どうなるかわからないほうに賭けた。なぜだろうか？

それは財津が安定よりも刺激を求めたからであり、自分の〝夢〟を追求しようと思ったからだろう。

「グループを始めたばかりの頃って、お互いに反発し合うんですが、それがふっと融合したときに新しいものが生まれるんです。ぼくは今、このメンバーでまた新しいことを創造したいんです」

新しいことにチャレンジするために、財津は安定を求めたいという〝甘え〟を自分自身で断ち切ったのだ。だからこそ——財津には新しいことができる可能性が切り開けた、とぼくは思っている。居心地のいい場所に安住することは易しいが、それでは新しいことはできない。現役でいるということは絶えず変わり続ける勇気を持つことなのだ。その権利は、自分自身で〝甘え〟を絶ったものだけにある、ということはいうまでもないだろう。新生〝チューリップ〟——それゆえに、これからが楽しみである。

倉橋ルイ子

彼女の中で輝く〝青春の心〟

〝青春〟――キラキラと光り輝く素晴らしい言葉だ。何よりも希望に満ちているところがいい。〝青春の心〟が騒いでいればいつまで経っても青春時代だし、騒いでいなければどんなに年が若くても青春時代とは言えない。

青春の心が騒ぐ――それは青春時代であるか否かのバロメーターなのだ。

その意味では、倉橋ルイ子は今まさに青春時代のド真ン中にいる。だからこそ今、彼女が面白いのだ。

私は、この時期に売れたい

彼女は古巣のポリドール・レコードを離れ、今年東芝EMI・レコードに移籍した。その第1弾「恋ひとすじに」が2月21日に発売された。洋楽のヒュー・バーンズとの競作で話題を呼び、レコード会社も強力にプッシュをかけている。また、4月1日には持望のニュー・アルバム『メイン・コース』も発表される。宇崎竜童、水谷公夫、濱田金吾、吉川忠英、岡田富美子などの作家が曲を提供して、これまでの枠を超えたものに仕上がっている。

東芝EMIに移籍して、彼女は燃えに燃えている。それを彼女の言葉で一言で言い表わすなら――「この時期に売れたいんです」――ということだ。

彼女は言う――「移籍して思うことは、私のまわりに私を応援してくれる人が増えてきた、ということです。だから今回移籍するということに関しても、すごく簡単に考えられたんです。どうしようか、と悩むより、絶対いいんだと。移籍することによってもっと良くなるんだと。そう思えたからこそふっ切れたんです。はっきり言って、私はこの時期に売れたいんです。売れるという形で自分の自信をもっと固めたいし、歌をうたいかけるにしても、もっと説得力をつけたいんです」

売れたいんです――きっぱりと言い切る彼女。この言葉を聞いて意外に思う人は多いかもしれない。というのは、彼女ほど俗にいう〝売れる〟ことから遠い所で活動をしてきたアーティストはいないからだ。キャラバンを使ってのコンサート・ツアー、しかり、自主制作のカセット・テープ作り、しかりである。そんな彼女が「売れたいんです」と言う。どうなってしまったんだろう?と思う人がいても決して不思議ではない。

しかしながら、心配することは何もないのだ。彼女が変わったわけではなく、少しばかり方法論を変えてみただけのことなのだ。

彼女はこんなふうに説明する。

「私のコンサートをやるってことは大変なことなんです。これが中森明菜とか売れてる人のコンサートだったら何月何日にやりますと告知すればそれだけでお客さんは集まるでしょうが、私の場合は、主催者がポスターを張ったりチラシをまくだけでなく、それこそ口コミでくどいていかないと集まらないんです。だから逆に、やった、という充足感もあるんですが……。私は、そんな人たちに今度はお返しをしたいと思っているんです。長い間お付き合いをしてもらいたい気分でいるから、私が売れることでコンサートがもっとできやすい状況にしたいんです。そのために、私は売れたい、と思っているんです」

コンサートをしやすい状況にするために、彼女はあえて新しいことにチャレンジしようとしているというわけだ。

「売れたい」と願う彼女の心の底には、コンサートで一生うたい続けていきたいという切実な願望があるのである。ここを語らずして現在の彼女の心情を理解することは不可能である。

バラードを唄いたい

彼女は〝自閉症児〟だった。

小学校6年の12月に、父親が働いていた北海道幾春別の炭鉱が廃山になり、彼女は家族と共に千葉県の松戸市に引っ越して来た。東京に行けるというだけで彼女の心はときめいた。転校の初日、おめかしをして期待を胸に学校へ行った。初めて彼女を見たクラスメイトはどよめいた。しかし、彼女が話し始めると、そのどよめきが突然嘲笑にすりかわった。彼女の方言があまりにも強かったからだ。その仕打ちに彼女はひどく傷ついた。新しい小学校に来てなじめるだろうかと不安になっていたぶん、強烈なショックだったのだ。

「後はもうどんなにちやほやされても、逆に不信感が増すばかりでしたね」

人間不信に陥った彼女は心を閉ざしてしまう。中学校、高校時代は学校から帰ると自分の部屋に入って一歩も外に出ない。かといって勉強しているわけではない、ただボーッしているだけだ。心配した母親は彼女の機嫌をとろうとして洋服やケーキを買い与えたが喜ばなかったという。

「北海道時代はお山の大将だったでしょう。それが千葉に来て……。自分の存在が崩れていっちゃったんで、なんか自分に腹が立ったりしたんですね、きっと」

自閉症のまま高校卒業を迎える。やりたいことが何も見つからなかった彼女は進学も就職もしないでしばらくの間ぶらぶらとしていた。そんなときに、たまたま友だちから歌謡学校へ入るんだけど一緒に入らないかと誘われる。「とにかく外に出て欲しい」と願っていた母親の強い勧めもあって、彼女はとりあえず歌謡学校に入学する。しかしながら、歌手になりたくて入ったわけではないから、他の子どもたちのように力が入っていなかったので浮いた存在だった。

そんな彼女が突然歌にめざめる。歌謡学校に入って1年ほど経った頃のことだ。喫茶店でお茶を飲んでいると、ペドロ&カプリシャスの「別れの朝」が流れてきた。この曲に感動を覚えた、というのだ。

「曲名も知らないのにいたく感動してしまった。それまで感動するってことが少なかったわけですよね、やっぱり自閉症で感情が薄かったから。それがたった1曲で感動してしまったときにね、歌ってすごいんだなと思ったんですね。人に感動を与える歌、それを今自分がやってるわけですよね。そう思ったとき、はっきりわかったんですね、これだって。私のやりたいのはこれだって」

山口百恵や桜田淳子の歌になじめなかった彼女が見つけた「別れの朝」――それは〝バラード〟と呼ばれるものだった。「バラードをうたいたい」ということは彼女の初めての自己主張だったのだ。

歌謡学校の発表会のときに彼女はポリドールのディレクターにスカウトされる。そして1981年4月に「ガラスのYesterday」でデビュー。デビューにあたって、彼女は担当マネージャーの豊岡嵩雄氏（現在彼女が所属する事務所・コスモスの社長）に「とにかく長くうたいたい。死ぬまでうたいたい」と申し出たという。彼は初めのうちはテレビを使って彼女を積極的にプロモーションしていこうと考えていたが、彼女の申し出を受けて方法を変えた。すなわち、ステージがきちんとできるシンガーに育てようということになったのだ。

彼女は歌をうたうことで自分自身を確認できるようになった。そしてステージを重ねることで自信を回復していった。人前で話せなかったのがどんどん話せるようになり、美しいものは美しい、美味しいものは美味しい、と思える感覚も取り戻し始めた。

12歳から自閉症の世界に〝冬眠〟していた彼女は、デビューした21歳でめざめたのだ。

「ステージが私を自閉症の世界から救ってくれたんです。ですから、ステージでうたうということは私にとってすべてなんです」

どんなに苦労しても、キャラバン・バスに乗ってコンサート・ツアーをすることは、彼女にとってはまさに生きるということなのである。

だからこそ、彼女は〝生きる〟ために「売れたい」と切実に思っているのである。

ということで――「この時期に売れたいんです」という〝刺激的〟な言葉の後には、次の言葉が当然ながら続くというわけだ。

「もしも売れたとしても、キャラバン・バス・ツアーは続けます。コンサートを成立させるために売れたいと思っているんですから……」

ニュー・アルバム『メイン・コース』にみられる成長

彼女は今、うたい続けるために売れたいと思いその気になっている。

その気が彼女の〝青春の心〟に嵐を起こしている。そして、その嵐がエネルギー源になり、彼女を精力的にさせているのである。彼女がどんなに精力的になっているか、それはニューアルバム『メイン・コース』を聴けば一〝聴〟瞭然だ。彼女の歌の引き出しが増え、シンガー〝倉橋ルイ子〟の世界がひとまわりもふたまわりも成長しているのだ。

彼女は言う――「今回のレコーディングで感じたことは、メロディラインが今までにはなかったタイプのものが多いということですね。正直に言いますと、これまでの曲は自分がやれる範囲の中で一生懸命にやればできるという感じだったんですが、今回は自分の範囲を超えた歌が多くて、そのぶん悩みました。でも悩み方が気持ち良かったから、実に楽しかったですね。たとえば「Afternoon tea」なんか悪戦苦闘しました。なぜかというと、これは今までなかったタイプの曲だからということで意識過剰になって気負ってしまったからです。私はうたいあげるのは得意なんですが、淡々とうたうのは……でも、今回はあえて違うタイプの曲にチャレンジして克服したので、自信がついたのは事実ですね」

今やらなければ……その思いが〝青春の心〟を騒がせエネルギーを生む。そして、間違いなくそこから何かが生まれるのだ。

倉橋ルイ子は今まさにそんな良き状態の中にいる。

キミの〝青春の心〟は騒いでいるだろうか？

杉山清貴

ソロ活動開始！　彼は新しい可能性を求めた

オメガトライブの解散

杉山清貴が、5月28日にニュー・シングル「さよならのオーシャン」（ダイドージョニアンコーヒー・イメージソング）を発売しソロ・シンガーとして正式に再スタートを切る。一足早く5月1日「君は1000％」を発売して再スタートを切った〝1986オメガトライブ〟と共に、これで旧〝オメガトライブ〟のメンバーはそれぞれに再活動を始めたというわけだ。

昨年の12月24日——杉山清貴＆オメガトライブは突然解散した。唐突な解散だけに衝撃的だったし、人気絶頂時の解散だけに意外でもあった。

杉山は「ぼくらは井の中の蛙だったよ」と前置きして、解散の理由を次のように説明したものだ。

「今までのぼくらって、井の中の蛙だったって気持ちがあるんです。同じメンバーでずっとやっててね、〝大海知らず〟だった。音楽的な部分で他を見る余裕がなかったっていうか、そういう状態の中に自分たちをいさせるのが年齢的にも恐くなったってこともあります。もっと広い部分に目を向けて行きたいと思っている」

「大袈裟な言い方だけど、自分たちの中では頂点をきわめた、というかね。もうやること見つからないんです。何かきっと同じこと繰り返していくような気がする。もしまったく方向を変えるとすれば、ひとりひとりが生きるような方法を取ったほうがいいだろうということなんです」

解散から早いものでもう5カ月が過ぎ去ろうとしている。

今、目の前にいる杉山は〝オメガトライブ〟のボーカリストではなく、ソロ・シンガーの杉山清貴である。

そんな彼に、ぼくは釈然としない疑問を投げかけてみた。

「オメガトライブの解散については、解散時の杉山君のコメントに一応は納得したものの、釈然としなかったことも事実だ。そこで今日はいい機会だから、その疑問をぶつけてみたい。まあ、今だから話せる解散の真相というか……そんな気持ちで話してもらえればうれしいんだが……。オメガトライブが解散したということは、おそらくあの時点で、杉山君がこんなはずじゃなかった、と思ったからだと思う。そうじゃなければ人気絶頂期に解散するわけがない。だとしたら、こんなはずじゃなかった、と思う、それは何なのか？　その辺から話してもらえませんか」

杉山は一瞬考えてから言葉を選ぶようにして話し始めた。

「解散の直前にみんなで話し合ったときに一致したのは、自分たちがいけなかった、ということですね。具体的に言いますと、ぼくらはあくまで自分たちのオリジナルでやりたかった。でも、デビュー曲を決めるときに、メンバーで曲を書いたんですが、今ひとつガキっぽすぎたり、インパクトがなかったりして、それならばということで林哲司さんの力を借りた。それはそれで成功した。『サマー・サスピション』をはじめとしてほとんどのシングルがヒットしたわけですから。ところが、ぼくらがいけなかったのは、林さんの曲がヒットしてしまうと、シングルは林さんに任せたほうが安全策だと考えてしまったことです。本来なら、林さんのメロディを研究して自分たちのものとして消化して自分たちで作るべきなんですが、それができなかったのが、本当に情けないことですが、そろそろシングルという時期になると、初めからシングルはあきらめてB面をメンバー間で奪い合うという状態でしたからね。もっとも、これは言い訳にすぎませんが、曲を書いている時間がなかったってこともありますね。売れてからはツアーに追われてしまって、結局、情熱だけが空まわりしているという状態でした」

そんな空まわりの状態の中にあって、彼はまだ望みは捨てていなかった。ぼくは今でも厳しい表情をして、きっぱりと言い切った、彼のあのときの言葉を鮮明に記憶している。

「もちろん、オリジナルで勝負したいって気持ちもあります。でもそんな意地だけではやっていけないと思うんです。自分自身コレだ、と思えるものができあがったら、そのときこそ、オレの本当の勝負だと思っています」

自分自身コレだ、と思えるものができあがったら……という彼の言葉にぼくは期待した。そのときこそ、オメガトライブはオメガトライブたりえると思ったからだ。しかしながら、結局〝そのとき〟を迎えることなく彼はオメガトライブを解散させてしまった。

どうしてできなかったのか?という疑問が釈然としないまま残ってしまった。今回のインタビューでぼくが聞きたかったのは、この〝一点〟だ、といってもいいだろう。

苦笑いを浮かべながら杉山は言うのだった。

新しいスタート!

「売れてきてから、自主規制を始めてしまったということですね。ぼくはボーカリストとしては、常にうたいたい曲をうたいたいという欲求があります。ところが、バンドのボーカリストとして考えた場合、バンドのカラーに合うかどうかということを考えなければいけないわけですから、うたいたい曲でも没にしなければなりません。そうなると、当然のことながら、パターンがかぎられてしまうわけです。ぼく自身としては、そこから自由になりたい、と思ったわけです」

つまり、杉山は、オメガトライブにいては自分のうたいたい曲がうたえないという状況に追い込まれていたというわけだ。それだけ、オメガトライブというバンドのカラーが売れたおかげで強烈になってしまっていたというわけだ。

オメガトライブを続けるということは人気者としての地位を保ち続けることだが、それに反比例してシンガーとしての自由はなくなってしまう。二者択一の岐路に立ったとき、彼は迷わずにシンガーとして自由に生きる、というほうを取った。これは彼にとって大きな賭けだった。

なぜなら、オメガトライブを解散するということはせっかく手に入れた人気を捨てることだし、先がどうなるかわからないからだ。それでも彼はあえて解散という方法を選んだ。その背後にあるものは、彼ならではの先を読む力、いや、真剣に生きる、ということを考えている、彼の一生懸命さである。

「解散はぼくが言い出しました。理由はこれまでに述べてきたようにいろいろありますが、それともうひとつ忘れてはいけないことは、メンバーそれぞれがあのままいったらつぶれていると思ったということです。おかげさまでオメガトライブはヒット曲を出せて人気も得られました。でも、あのままいっていたら人気はあるが実力がないままに終わってしまったかもしれないということです。ぼくのようにソロになるにしても、あるいは作曲家になるにしても、他のバンドを組むにしても、スタジオ・ミュージシャンになるにしても、今だったらまだ勉強できると思ったんです。これが30歳を過ぎてしまったら、きついでしょう。だから、大きな目で将来を考えたら、あれしかなかったんです」

杉山の話を聴いていると、なるほどと納得させられるものがある。しかし、あと1年ぐらいやって、華々しく解散ツアーをやってから解散しても遅くはないのではないか、という疑問が残らないわけでもない。

「そういう話はありました。でも、それはきっぱりと断りました。だって、解散するということがわかっているのに1年間もやるのって嫌じゃないですか。ビジネス的にはいいかもしれませんが、どうせやめるんだったら早くやめて、次に備えたほうが絶対にいいですよ。それとぼくは横浜銀蠅みたいな解散のしかたに憧れていたんです。人気のあるときにスパッとやめてしまう。そのほうがカッコいいですし、それがぼくの美学ですね」

インタビューをしていくうちに、ぼくの中にあった釈然としない疑問が、霧が晴れていくようにクリアーになっていった。そしてそれは、杉山の次の言葉を聞いたときにパーフェクトに晴れた。

杉山は笑顔で言うのだ。

「解散コンサートのフィナーレが終わった途端にホッとしました。これでオメガトライブのボーカルじゃなくて、個人となって好きな歌がうたえるんだと思うと、肩の荷がやっとおりたような解放感を味わいましたね」

だからこそ、ソロ・シンガー杉山清貴になって、目の前にいる杉山は光り輝いているのだろうし、まるで〝新人〟のように生き生きとしているのだろう。

「解散してしばらくの間は、正直に言って、曲を作っているときに、林さんの幽霊に悩まされました。林さんのメロディが知らないうちに体にしみついてしまっているんですね。だから、曲を作ろうと思っても、どこか林さんのメロディに似てしまう。でも、それも今は吹っ切れました。いろいろ考えることなく、とにかく杉山という人間を出そうと思ったら、なんとかなるようになったからです」

ソロ・シングル第1弾「さよならのオーシャン」は杉山の曲（詞は大津あきら）だ。これによって念願のオリジナルで勝負できるというわけだが、その意味で、彼の本当の戦いは今始まったばかりだ。

「現在制作中のアルバムがぼくの本当のスタートになると思いますが、とにかく今度は何事にも気がねすることなく自分というものを百パーセント出そうと思っています」

杉山清貴――26歳。オメガトライブで一度頂点をきわめた男が、いうなら不敗のまま自ら〝チャンピオン〟の座を降りただけに、これからが楽しみなのだ。まずは2階級制覇から始めて欲しいものだ。

織田哲郎

時代のバイブレーションが合ってきた

自分はいったい何者なのか?ということは常に考えておく必要があるだろう。アーティストをめざすにしろ、ライター、イラストレーター、カメラマンをめざすにしろ、サラリーマンをめざすにしろ、"何者"かになろうという野心を持っている者は、いつも自分自身に対して、自分はいったい何者なのか?と問い続けなければならない。

というのは、何をやりたいのか、わからないと今自分が何をやるべきなのか、わからないからだ。今自分が何をやるべきなのか、わからないから、今自分のやっていることに自信が持ててない。だから、いつも不安で心が揺れ動いてしまう。はっきり言って、これは自分自身がいったい何者であるかわかっていない証拠であり、自分自身のことがわからない奴に、いい歌、作品……仕事ができるわけがないではないか。

最近、アーティストだけではなく、ぼくらを含めて、自分自身をプロデュースできる人が極端に少なくなってしまったようだ。だからこそ、流行に左右されて、あっちへうろうろ、こっちへうろうろして、気がつくとそこらへんにみっともなくうろうろしている結果になってしまう。何をやっているんだ、とぼくは思ってしまう。何をやりたいのか、ということは自分がいったい何者なのか?ということを常に自問していれば簡単に出る答えなのだ。その答えを出していないからこそ、何かをやっては、こんなはずじゃなかったと思ってしまう。こんなはずじゃなかった、と思うのなら、こんなはずだ、ということをまず見つけ出すこと――これが最も大切なのだ。

若気のいたりです

この夏、TUBEが歌って大ヒットした「シーズン・イン・ザ・サン」の作曲者・織田哲郎は、1979年に、〝WHY〟というロック・バンドのボーカリストとしてデビューした。そのきっかけは、高校時代のバンド仲間、北島健二（ギタリスト）が舘ひろしのバック・ミュージシャンなどを務めて既にプロとして活動していたが、その北島に長戸大幸氏（ビーイング社長。プロデューサー兼作曲家）を紹介されたことにある。「一度スタジオに遊びにおいでよ」と長戸氏に誘われた織田が物珍しさに訪ねると「歌えるんだったら、歌いなよ」と言われるままにうたうと、それが後にディスコ・ブームでヒットする「ポパイ・ザ・セラーマン」となる。これはディスコ物の企画レコードだったが、ともかくこうして彼はプロ・アーティストの〝入口〟をくぐったのだった。

その頃、彼は北島健二とロック・バンドをやろうとしていた。だが、バンドとしてやりたいだけのメンバーが集まらなかった。どうしようか？と思っていたときに長戸氏からヒントを与えられる。

「バンドなんだが、それぞれがソロ志向をもっている、プロデュース集団にしようということになったんです。僕は、もともとレオン・ラッセルなんかが好きでしたから、バンドもやりながらプロデュースもしたり、そんなプロデュース集団にWHYがなれたらいいなと思っていました」

ところが、WHYはアルバムを1枚出しただけで半年間で解散してしまう。北島が腕を折り、彼がノドをこわしたということもあるが、突きつめると夢が現実に押しつぶされてしまったのだ。

「あの頃のロック・シーンにWHYの概念を受け入れる余地はなかったということです。どうしても、ツイストに追いつき追い越せということになってしまい、空まわりしてしまいましてね」

WHY解散後、彼は〝9thイメージ〟というロック・バンドを結成して80年にデビューする。WHYの挫折を反省して、初めからバンドをめざしたが、これも1年足らずで分解してしまった。「若げのいたりです」と彼はいうが、このバンドで作ったアルバム『DAY AND NIGHT』は自信があると言う。「あの頃はフュージョン全盛でみんなタイトだったが、そんな中で9thイメージだけは最近のような迫力あるサウンドを出していた。自分でいうのもなんですが、あの『DAY AND NIGHT』というアルバムは日本のロック史上に残る貴重盤だと思います」

自分が、よく見えてきた

9thイメージを若気のいたりで解散させた彼は、その後1年間ほど、〝織田哲郎バンド〟というセッション・バンドを作ってロックンロールをやる。だが、それも辞めてからはソロとしてCM音楽を作りながら、煮詰まっていた。

「それからしばらくの間は、CMを作って食いつなぎながら、本ばっかり読んでました。というのは、バンドにも音楽業界にも嫌気がさして、煮詰まっていたからです。音楽をやってることが楽しいと思えなくなったから、なるべく人に接するのはやめようと思ってました」

彼の煮詰まりの要因は、彼の作った音楽が評価されないということにあった。彼は9thイメージで『DAY AND NIGHT』という最高傑作を作り上げたという自負があったが、それは、〝通受けするマニアックなアルバム〟と片づけられて、ほとんど売れなかった。売れないと、こうしたほうがいいとか、やれこっちのほうがいい、とかと周囲から言われてしまう。そんなしがらみの中で、自分自身を見失い、やがて自分のやりたいことすらも見えなくなってしまった。つまり、彼は自分が何者かさえもわからなくなってしまったということだ。だから、必然的に今やるべきことが見つからないでそれで煮詰まってしまったというわけだ。

しかし、彼が並ではなかったことは、そんな状況の中でも冷静に己れを見つめていたということだ。自分自身を見つめて、彼はひとつの結論を出した。それは——。

「好きでやり始めた音楽だから、好きなことをやろうじゃないか、ということに気がついたんです。事務所もレコード会社も関係ない。オレはこれをやりたいんだ、ということをひたすらやろうと決めたんです」

こうして83年に、〝ソロ・アーティスト〟としてアルバム『VOICE』、で再々デビューを果たした。そして現在までに『VOICE』、『NEW MORNING』、『NIGHT WAVES』、『LIFE』と、4枚のオリジナル・アルバムを発表している。

「ファーストの『VOICE』はオレはこれがやりたいんだ、というのを気心の知れたスタジオ・ミュージシャンを使って自由奔放に作った。セカンドの『NEW MORNING』は『VOICE』の延長線上で『VOICE』と2枚組でもおかしくはない。そしてサード『NIGHT WAVES』、ストイックなアルバムだと思います。削りに削って自分の芯だけを追求したアルバムで、だから精神的にはきつかったですね。でも、あえてそれをしたことで自分というものがよく見えるようになりました。

フォースの『LIFE』は、残務処理的というか、『NIGHT WAVES』でケジメはつけたんだけど、これだけはやっておきたいというこだわりはあるでしょう。それをやったアルバムですね。いうなら、今までの自分に対する遺言状かな。これを作ったおかげで、思い切って次へいけそうという感じです」

彼はサード『NIGHT WAVE』で、自分はいったい何者なのか?ということを掘り下げた。その結果、彼は織田哲郎の音楽をやる、という結論を得、そのために何をやるべきなのかと考えてフォース『LIFE』を作り上げた。そして今、彼には今自分がやらなければならないことがくっきりと見えている。

「この11月にシングル、来年の2月にLPを出す予定なんですが、来年あたりいい波が来そうだという予感はしています」

彼は自信を持ってそう断言する。むろん、その背後には確固たる確信を持っているのである。

「5、6年前に9thイメージでやっていたことをTUBEが1、2年前にやって受けているし、昨年『NIGHT WAVES』でこれがカッコいいんだと思ってやった「BABY ROSE」を今、マッチがシングルでうたっている。これはジャニーズ事務所があいう曲をシングルとして出せるご時世になったということだが、裏を返せば、昨年これがカッコいいと思ってやったことが、今年大衆の目にもカッコいいと映ったということでもある。だとしたら、自分の音楽に時代が追いついてきていることであり、なんか来年あたり、ぼくのバイブレーションと時代のバイブレーションがあいそうな気がするんですよ」

流行に左右されるのではなく、自分のやりたいことをまずやること。それに時代が追いついてくるのだということを悟った彼。だからこそ、彼は自分の世界を確立できたのである。取りも直さず、それは自分がいったい何者なのか?を知るということがいかに大切なのかという証明に他ならない。

自分がいったい何者なのか?ということを正確に知っている者だけが、今自分が何をやるべきなのかを知っており、今を生き、明日を生きることができるのだ。

だとしたら——だからこそ、キミは何者なのか?とぼくは問いたいのだ。この問いにキミは自信を持って答えられるだろうか……。

ブレッド&バター

今、〝神秘〟を覆う霧が払われて……

岩沢幸矢は自信を持って断言した。

「ブレッド&バターを知らない世代に〝タッチ2〟を通してチャレンジできることが興味深いですね。たぶん、〝タッチ2〟を見に来る人たちはぼくらのことなんか知らないと思うんです。それが主題歌を通してぼくらを知ってくれて、それまで聴いていた歌謡曲チックじゃない、もっとポップな音楽に興味を持ってくれたら、こんなにうれしいことはないと思っています。だって、いい歌はいっぱいあるんだし、ぼくらが彼らのめざまし的存在になれたら、日本のポップス人口ってグーンと広がるじゃない。いいポップスを広めたい、これはデビュー以来のぼくらの命題ですからね」

17年目の冒険

ブレッド&バターが、全国東宝系劇場公開完全オリジナル版アニメ「タッチ2」の主題歌「さよならの贈り物」をフィーチャーしたベスト・アルバム『MIRACLE TOUCH』を11月29日にリリースする。

ブレッド&バターはデビューして17年の超ベテラングループ――ハデさはないが〝実力派〟としては高い評価を受けている。そんな彼らが「タッチ2」の主題歌をうたうということは〝冒険〟である。

周知のように、「タッチ」はフジテレビ系で（午後7時－7時半）にオンエアされ、常時20パーセント以上の視聴率を誇る超人気アニメだ。それだけに映画の人気も高く「タッチ」は大ヒットとなり、同時に〝ラブ&レディー〟がうたった主題歌「背番号のないエース」もヒットした。ということは、「タッチ2」もヒットして、ブレッド&バターがうたう主題歌「さよならの贈り物」もヒットの確率は高いということだ。その意味では、レコードを売るという点においては、彼らが「タッチ2」の主題歌をうたうことは戦略としては正しい。しかし、超人気アニメだけに、〝タッチのブレッド&バター〟というイメージがついてしまうことは否めない。とすれば、彼らがそれまでに築いてきたブレッド&バターのイメージを壊してしまう危険性も孕んでいる。つまり、「タッチ2」の主題歌をうたうということは、彼らにとって両刃の剣ということだ。ふつう彼らほどのベテラン・グループになると、イメージを大切にして冒険はしないものだが、彼らはあえてその冒険にチャレンジする道を選択した。その理由が冒頭の岩沢幸矢のコメントということになる。

「さよならの贈り物」は彼ら自身のオリジナル作品ではなく、売野雅勇、芹澤廣明のヒット・メーカー・コンビによる作品だ。このことを彼らはどうとらえているかというと、幸矢は言うのだ。

「芹澤さんはぼくらの音楽をとてもよく理解してくれていて、ぼくらが以前から一度は音域の高い部分ぎりぎりで勝負してみたい、と思っていたけど、具体的にならなかった点を具体化してくれたんです。彼も元シンガーだし、キーもぼくと同じくらいらしいので、ぼくらを客観的にみて、今回の作品をより幅広いものに仕立てあげてくれたんだと思う。ヒット・メーカー芹澤氏の幅広いポップスの素材として、ぼくらが適していたらとてもうれしく思います。ぼくらとしては彼の客観的でメジャーに向かっていく視点がヒットソングのエッセンスとして、新鮮に感じられました」

要約すれば、彼らは芹澤氏の素材に徹することで、シングルを売る、ということに真剣にチャレンジしようと思ったのだ。

「そんなふうに思ったのは今回が初めてですね」と幸矢、二弓は口をそろえて言う。

「売れるとはどういうことなのか？　つまり、大衆の支持を受けるとはどういうことなのか？　ということを考えたとき、ぼくは作曲家〝林哲司〟の〝開眼〟のしかたをすぐに思い出してしまう。

3年ほど前のこと――「できあがりました」と言って、担当ディレクターが上田正樹の「悲しい色やね」を持ってきた。林は作曲を担当していた。ワンコーラスを聴いたとき、「ひっでえ作品にあがったな」と彼は思ったという。演歌ロックふうに仕上がった「悲しい色やね」は、あくまで洋楽っぽくてスマートなポップスを志向する彼の音楽家としての〝美意識〟に反していたというわけだ。

しかし、彼が〝ひっでえ作品〟だと思った「悲しい色やね」は、40万枚を売り上げる彼の初めての大ヒットになってしまう。このとき、彼は音楽家としての美意識と売れるという現実は違うということを知り、売れるコツをつかんだという。

「もしかして自分自身のやってきたことって、単にメロディだけを感情に任せて書いていただけにすぎなくて、歌ということの観点から見てなかったんじゃないかというような気がそのときしたんです」

そして得た結論は「最終的に人の心を打つものは何かと考えたときに、それはやっぱり歌になっていかなければいけないんじゃないかな、ということを結果として感じたわけです」ということだ。

〝歌〟――きわめてあたりまえのことだが、そのあたりまえのことをぼくらはつい忘れてしまいがちなのだ。木を見て森を見ずのたとえもある。ブレッド&バターにも、そんなところはなかっただろうか？

彼らは音楽的に常に〝新しい〟ことをやってきた。時代を先取りしていたがためにミュージック・シーンにあってはいつも〝異質〟だったのだ。

〝知る人ぞ知る〟でなく……

ブレッド&バターは、岩沢幸矢、二弓の兄弟デュオ・グループとして1969年10月に「傷だらけの軽井沢」でレコード・デビューした。兄の幸矢は大学卒業後、渡米しイリノイ・スクール・オブ・フォーク・ミュージックで音楽の勉強をした後、帰国し、大学生だった弟の二弓とブレッド&バターを結成した。ブレッド&バターは当時（その頃のミュージック・シーンは、トワ・エ・モア、森山良子、ビリー・バンバンなどメロディのきれいな歌謡曲っぽいフォーク・ソングが流行っていた）としてはきわめて洋楽っぽかった。アメリカ帰りの幸矢がアメリカ・ナイズされたメロディとコーラスを持ち帰ったからだ。それだけに当時彼らは〝異質〟だった。

「よくバター臭いって言われましたよ。ちょうど同じ頃、細野（晴臣）君なんかは〝はっぴいえんど〟を作って日本語のロックを提唱し始めるんだけど、とにかくぼくらの居場所はなかったですね。カレッジ・フォークでもないし、ロックでもない。だから、しょうがないんでラブ・ソングって言ってました」

幸矢はそう述懐しているが、彼らはデビューした当初から、ミュージック・シーンでは〝異質〟だったことは特筆される。

異質――換言すれば〝新しい〟ということである。つまり、彼らは新しかったがゆえに、当時のミュージック・シーンでは浮き上がった存在であり一般受けはしなかったのである。結局、それがデビュー以来ずっと続くことになる。

彼らはあまりにも時代を先取りしていたがために、76年には表だった活動を停止しなければならなかった。時代の先を行きすぎたがために、レコード・セールス、コンサートの動員力が共におぼつかなくなってしまったからだ。

活動を停止していた76年から78年までの3年間、彼らは茅ヶ崎にライブ・コーヒーハウス〝ブレッド&バター〟を作り、ここを拠点にして気が向いたらうたうというマイペースの活動を続けた。

「ユーミンが出て来て、その詞を聴いたときはショックだった。ヌーベルバーグというかポップスの新しい詞だと思った。それで詞が書けなくなっちゃった。それでちょっと休もうって思ったこともあったんだけど、休んでたら今度は77年の終わり頃かな、原田真二君が出てきた。彼もぼくと似た声で異質でしょう。その彼が売れていた。ああこういう人が受け入れられる時代になったんだな、だったら、頑張ろうと思った」

と幸矢。

79年6月――アルファ・レコードに移籍してアルバム『レイト・レイト・サマー』を発表して再スタート。一部で熱狂的な支持を受けたが、一般的には異質さはあいかわらずだった。

84年6月――ファンハウスに移籍。移籍してからこれまでに4枚のシングルと2枚のアルバムを出している。

デビューして17年間が経った。そして彼らが得た結論は――。

幸矢は言う。

「17年間やってきて初めて自分たちなりのやり方がわかったという感じです」

二弓は言う。

「自分たちがどこまでやれるのか、だいたいわかった。それと足りないものがわかりましたね」

ここで大切なことは、彼らにとって「足りないもの」――つまり、〝売る〟という意識だし、〝チャレンジ〟だ。

ブレッド&バターという名前を知っている人は多いし、素晴らしい音楽をしているらしいと知っている人も多い。ただ彼らには誰にでもわかるという確固たるイメージがないので、一般の人には〝霧〟がかかっているも同然なのだ。だから、見えない人には見えないのだ。にもかかわらず、これまでの彼らはその霧を払う努力をしなかった。見える人にだけ見えればいいと考えていたからだ。しかし、それではいつまで経っても同じなのだということに、今彼らは気づいたのである。

ブレッド&バターはミュージック・シーンにあって〝摩周湖〟だ、とぼくは思っている。汚染は全国的な規模で進んでいるが、そんな中で北海道の〝摩周湖〟だけは透明度No.1の美しさを保ち続けている。だからこそ、ぼくらはそんな〝神秘な湖〟にひかれてひと目見ようと北海道にまで出かけていくのだ。ブレッド&バターもそんな摩周湖に似ている。ブレッド&バターという〝神秘の湖〟を見たいと思っている人は多いはずだ。

「タッチ2」の主題歌をうたうということは、ブレッド&バターという〝摩周湖〟の〝霧〟を晴らす作業なのだ！　それだけに楽しみである。

田中昌之

10篇の NON-FICTION STORY

かけがえのないソロ・ファースト・アルバム

「大都会」で知られるクリスタルキングの元ボーカリスト〝田中昌之〟が、独立してソロ・シンガーとしてスタート、第1弾アルバム『CROSSROAD』（ポリドール・クロス）をリリースした。

とは言っても、驚く人は少ないだろう。「彼も独立してソロになったのか……」というところが大方の人たちの見方だろうが、ところが、今回のニュー・アルバム『CROSS ROAD』は実に〝衝撃的〟で今まで日本になかったものなのだ。どこが衝撃的かというと、そのアルバム・コンセプトが過去に例を見なかったものなのである。

そのコンセプトとは――。

〈田中昌之――彼の青春はまさしく〝火宅の人〟と呼ぶにふさわしいほどのドラマだった。

高校を1年で中退してハコ・バンドの〝ボーカリスト〟になる。生まれ故郷の伊万里を皮切りに、東京、長崎、佐賀、佐世保、大分、博多……などを渡り歩き、バンドをいくつも転々とするが、その間、彼はいつだってハコ・バンドの中で〝スター・シンガー〟だった。そして28歳のときに、クリスタルキングでレコード・デビューするまでの12年間、彼の人生は波乱に富んでいた。親との確執、不良、ケンカ、家出、女との同棲、別れ、結婚、再婚、不倫、子どもとの確執、友情、裏切り、夢と挫折――。

彼はソロ・アルバムを作るにあたり、その青春時代を清算すべく、延べ数時間にわたって、自らの青春時代をつつみ隠さずに素直に告白した。それは四百字詰原稿用紙にして百枚を超える分量となった。

彼が告白した青春時代をベースにして、最も印象的な出来事をテーマに歌は作られた。ある歌は至上の愛をテーマに、ある歌は流転したバンドをテーマに、ある歌は父親を、またある歌は未だ忘れられない女性をテーマにして……。

曲を発注するに際して、彼が告白した百枚分の原稿は参考資料として作家に手渡された。作家はそれを下敷きにして曲を作り上げたというわけだ。彼自身も2曲ほど詞を書いている。その意味では、ここに収録された曲はすべて彼の実体験に基づいたノンフィクション・ソングである。それだけに、田中昌之という人間が等身大にアルバムには描き出されている。

ロックのアルバムは数多いが、これだけアーティストが等身大に表現されたアルバムは皆無といっていいだろう。自らの青春時代を歌にした田中——ここには〝シンガー〟として青春時代を生き抜いてきた男の〝人生ドラマ〟がある。これぞ新手法の〝ノンフィクション・ロック〟である。そしてそれは——稀有の人生体験を持ち、なおかつ天性の声を持つ〝田中昌之〟という男でなければなしえなかったことである、ということはいうまでもないだろう。『CROSS ROAD』は、田中にとってかけがえのないアルバムになったことは事実である〉

そんなコンセプトの上に立ったノンフィクン・ソングだからこそ実体験に裏打ちされた〝リアリティ〟が全曲にあるのである。

たとえば、このアルバムの中に、父親のことをうたった「ストロベリーズ・メモリー」という歌がある。〝愛の裏切り許したオフクロの目は／気分で帰るオヤジを嬉しげに見る／路上に止めたBikeをけとばしたオレ／知らない女の匂いがシャクにさわった／テーブル代わりの急な階段／売れ残るオフクロの味飲み込んだ／20年前と変わらないのは／Strawberry 大好きなオヤジの血を引いたStupid〟。

この歌をレコーディングしているとき、初めのうち彼は上手くうたえなかった。つい感情が入りすぎてしまい、メロメロになってしまうのだ。

彼は中学2年のとき以来20年間父親にはあっていない。生きているやら、それとも死んでしまったのか、消息はまったくつかめていない。

レコーディングで「ストロベリーズ・メモリー」の歌入れをしているとき、彼の脳裏に浮かんだ過去の記憶があった。

その日は朝早くから、母親は妙にそわそわしていた。美容院に行って頭をセットして、台所で何かごちそうを作っていた。やがて、ダッ、ダッ、ダッ……という音が響いて家の前にバイクが止まり、男がひとり降りて来た。

きょとんとしている彼に向かって、

「昌之、お父さんだよ」

と、母は言った。

そう言われて彼は「お父さん」とつぶやいたが実感は湧かなかった。

それから何回か父はバイクに乗って現われた。そのたびに母は妙にそわそわとし、食卓には父の好きなストロベリーが並べられた。彼はいつしか父が来るのを心待ちにするようになった。父に会いたい、という以上に、彼もまたストロベリーを気に入っていたからだ。だが、ストロベリーは好きだったが、彼はバイクは嫌いだった。子ども心に理不尽なものを感じていた彼は、やるせない思いをバイクをけ飛ばすことで晴らすのだった。

今、彼はもしも父親が生きていたなら父親に会いたいと思っている。35歳の人生を生き、波瀾万丈の半生を送った彼には、父もつらかったのだ、ということが今ではよく理解できるからだ。男同士で酒を酌み交わしながら、父親の気持ちを知りたいと思っている。

語り下ろしスタイルのレコード……

「フェイバリット・リリィ」という歌がある。〝ざわめくバー街と壊れかけた英語／後ろめたさにふと振り向いて／ひとり身体すくめ ONE WAY LOVE ／青い瞳だけが僕に夢を観せた／愛することの切なさよりも／たやすく変わる心哀しいね／心売り尽くしたら／この僕に買い戻させて／そして君と愛のかけらさがす／LOVE LILY 言葉のない街へ行こうか／LILY 寝物語は好きになれない〟。

この歌の背後にはこんなドラマがある。

CROSSROAD というバンドで佐世保のディスコで演奏していたときに、彼は〝リリィ〟という女と恋に落ちる。

バンドマンをしていると、女のつまみ食いには苦労しないものだが、彼にとって彼女はつまみ食いした女とは根本的に異なっていた。ハーフ特有の翳りを帯びた妖艶な美しさ、抜けるような白い肌――それらは彼がそれまでに付き合った女性にはないものだった。

結婚していたにもかかわらず、彼は彼女にのめり込んでいった。彼女は外人向けバーで働いていた。それまでに彼女が付き合っていた男は外国人ばかりだった。巷では〝外国人専門のリリィ〟と呼ばれていたそんな彼女も彼に興味を持ち出した。

彼の押しが功を奏したのと、彼女自身そろそろ外国人男にあきがきていたということが要因だった。

リリィと一夜を共にしたとき、彼はすっかり彼女の虜になってしまった。

〈この世のものとも思えない美しさ。今までにこんな女に会ったことがない〉

そう思ったからだ。

佐世保に1年いて、CROSSROADは長崎のディスコに移ったが、彼は妻の目を盗んでは佐世保に通い、彼女としのび逢いをした。彼女を好きになればなるほど、彼は彼女を救おうという意識が強くなった。

ある夜のことだ。彼女を抱きながら、彼は思いつめた表情で言った。

「頼むから、もう外国人とは付き合ってくれるな。オレはお前が外国人と腕を組んでいるのを見るのがつらいんだ」

彼女は無言で聞いていた。

それからしばらく経った日のこと、彼は外国人バーの入り口で彼女が仕事を終えて出てくるのを待っていた。店がクローズする時間帯なのか、たくさんのカップルが嬌声を上げながら、彼の傍らを通り過ぎてゆく。

彼の心は微妙に揺れ動いていた。それは別れを予感しているというか……彼女の心を自分は買ったつもりだったが、彼女は彼よりも百ドル紙幣を欲していた、ということをうすうす気づき始めていたからだ。

突然、外国人バーのドアが開いた。

彼女が外国人男と腕を組みながら現れた。そして、そのまま彼の前を通り過ぎていった。彼女は彼を見ることもなく……。そのとき、彼は〈終わった〉と思った。

〈やっぱり彼女は、オレの心よりも百ドル紙幣のほうが……〉

涙がポロポロと落ちてきた。

彼女の後ろ姿を見送りながら、「リリィ！」と彼は心の中でシャウトした。シャウトの余韻が彼のハートを揺さぶり、ハート・ブレイク・ホテルを奏でるのだった。

「ストロベリーズ・メモリー」「マイ・フェイバリット・リリィ」の背後にはこんな実話がある。そして他の8曲全部にそれぞれ違う実話がある。

彼が包み隠さずに素直に告白したことを基に、ノンフィクション仕立てにしたのが、アルバムのライナー・ノーツに書いた、ぼくの「CROSSROAD—田中昌之物語—」だ。これを読んでアルバム『CROSSROAD』を聞けば、立体的に田中昌之をとらえることができるに違いない。

語り下ろしスタイルの〝本〟はこれまでにいくつもあったが、語り下ろしスタイルの〝レコード〟はこれまでにはなかった。これは〝コロンブスの卵〟的な素晴らしいアイデアである。これぞ音と活字のメディアミックスと言えるだろう。

田中昌之の〈ロック版〝火宅の人〟〉から君は何を学ぶだろうか？

中村あゆみ

本物に近づいた、ヒロイン

人格を変えるなんて嫌だったのね

「スターになることは簡単だったけど、本物になるってことは大変だと思う。でも、それだけにやりがいがあるし、これからが本当の勝負だとあたしは思っている」

中村あゆみがそう語ったとき、ぼくは、彼女は人間的に大きく成長したな、と感心すると同時に、これで彼女は単なる〝シンガー〟から本物の〝アーティスト〟になりつつあるな、と確信した。

彼女は1984年9月5日に「MIDNIGHT KIDS」でデビュー以来、『Midnight Kids』『Be True』『FAIR CHILD』、そしてニュー・アルバム『Smalltown Girl』と4枚のアルバムを出している（ただし、ミニ・アルバム『Holly Night』は除く）。

彼女は言うのだ。

「『Midnight Kids』は紹介ってとこかしら。『Be True』は人間性を出したかったし、『FAIR CHILD』は私はロックコンサートをやるんだわ、という意志表示。そして今度のニュー・アルバムで本物に少し近づいた。歌を聴いて欲しいって思ってますね」

一口に言えば、『Midnight Kids』から『FAIR CHILD』までが〝第1期〟で〝シンガー時代〟、『Smalltown Girl』以降が〝第2期〟で〝アーティスト〟時代ということになるだろう。

「初めの頃、どんな歌をうたったらいいのか？　あたしにはどんな歌が向いているのか？　まるでわからないままにうたっていたという感じでしたね」

いうなら、第1期の彼女は単なる〝シンガー〟だった。与えられた歌をただ一生懸命にうたっていただけ、といってもいいだろう。

それも無理のない話だった。デビューするまで彼女は〝ロック〟を知らなかったし、ましてやうたったこともなかったからだ。

4年前、高校2年のときだった。彼女は芸能界の知人に誘われるがままに、好奇心だけで福岡から上京して来た。しかし、デビューするために上京したその日に、彼女はデビューの話を蹴ってしまう。アイドル歌手としてデビューするため、言葉遣いから髪型、メイクに至るまで、担当マネージャーから細かな指示が飛んだ。

《これじゃ人形じゃないか。あたしは犬や猫じゃない》

心の中で彼女は叫んだ

「別にアイドルが悪いってわけじゃない。でも、あたしには合わなかった。人格を変えるのなんて嫌だったのね」

親の反対を押し切って上京した彼女に落ち込んでいる余裕はなかった。

《家を飛び出して来たんだ。今さら戻れるか！》

デビューを断った彼女には何のあてもなかったが、とりあえず彼女は自分で定時制高校に編入の手続きをした。

ロックだったら一生懸命やれそうだ

ひとりきりの生活が始まった。

午前7時に起床、貴金属会社に9時出社。午後4時に仕事を終え、5時、定時制高校へ。11時半、ディスコへ出かけ、午前3時帰宅。

「今とは違う忙しさだったけど、でも一生懸命だった」

現在のスタッフにめぐり逢ったのは、そんな生活が半年程続いた頃だった。

「これ、聴いてみないか?」

そう言って手渡されたのは数枚のレコード。それがロックだった。

「これって何?」

「これって、お前、ロックだよ」

《歌謡曲とはちょっと違うな》

それまで、さほど音楽に興味はなかった。知っている曲といえばディスコ・ミュージックばかりだった。初めて〝ロック〟を知った。そのとき、何か心の底で共感するものがあったという。

「ロックってね、あたしの生い立ちとか、生きざまとかにすごく似てるって気がしたの」

彼女が4歳のとき、両親が離婚した。以後、父親と母親の家庭の両方に出入りする。小学校、中学校は大阪の父親のもと、高校に入ってからは福岡の母親のもとへ。彼女の生活はおよそふつうの子どもとはかけ離れていた。

中学時代はグレた。

「離婚をタテに不良もしてみた」

教師にバ声をあびせ授業を抜けだしたこともあった。そして親の反対を押し切っての上京。アパートの一室で、たったひとりでロックに耳を傾ける日が続いた。

貴金属会社の事務員はそれなりに安定している。給料だって悪くない。アパートだって風呂付きだ。夜はディスコに行って適当に遊んでいられる。その意味では何不自由はなかった。

しかし――。

「だけど、安定した生活に妥協する歳でもないって思ったの」

《やってみよう。ロックだったら一生懸命やれそうだ》

彼女の生きざまに〝ロック〟が浮かびあがった瞬間だった。それから1年余り経った84年9月5日に彼女はロック・シンガーとしてデビューした。そして翌年には早くも「翼の折れたエンジェル」がヒットして彼女は〝スター〟となった。

ロックにめぐり逢ってからスター〟になるまでに2年間しかかからなかった。その意味では、彼女はラッキーな〝シンデレラ・ガール〟といっていいだろう。

音楽が明確に好きになった

シンデレラ・ガール――美しい言葉だが、裏を返せば、実力もないのに運だけで幸福をつかんでしまった少女、ということだが「中村あゆみはシンデレラガールだ」と言われた場合、さしずめそれは「中村あゆみは一発屋だ」と言われているに等しいものがある。ましてや彼女の場合は、シンガー・ソングライターではなく、単なる〝シンガー〟だったので、よけいに見られがちだった。だから、大方の見方としては「翼の折れたエンジエル」一発で消えていくだろう……そんなふうにとらえられていた。
ところが、大方の予想を裏切って、彼女は今、〝ティーン・エイジャーのヒロイン〟になりつつある。

客観的に見て、彼女ほどティーン・エイジャーの心情をくみとって正確にうたえる女性シンガーはいないだろう。

彼女は単なる〝シンガー〟から、誰もが認めるティーン・エイジャーの〝ヒロイン〟になぜなれたのだろうか？

ふつうデビューして1年足らずで、しかも19歳ぐらいで〝スター〟になると、どうしても舞い上がってしまい、我を忘れてしまうものだが、彼女は驚くほどクールだった。

「『翼の折れたエンジェル』のときはキャー、キャー言われましたけど、あたしは嫌いでしたね。もっともめだちたがり屋ではあるんだけど、ふつうの女の子の感覚も失くしたくないじゃない……。だから、『翼――』が売れ終わったときはホッとしました」

そう言ってから、ひと息ついて、彼女が言った話は印象的だった。

「昨年から今年にかけてやった〈抱きしめたい〉ツアー、あたしは命がけでやりました。もしもこれがダメだったら、もうツアーなんてできないんじゃないかって……。その結果、これだ！って言えるものをつかむことができましたね。その前の〈ワイルド・チャイルド〉のツアーのときは一番力が入っていたけど、いつもこれでいいんだろうか？　私はこうじゃないって思ってた。それが〈抱きしめたい〉ツアーでは、こうだ！というのを明確につかむことができました」

つまり、彼女は自分のうたいたい歌を自分で見つけ出したということであり、換言すれば、彼女が初めて自分の〝意志〟を持ったということである。

こんな歌をうたいたい、うたっていきたい――という〝意志〟を持った彼女は、単なる〝シンガー〟から〝アーティスト〟へと目覚めたというわけだ。

「音楽が以前に比べて明確に好きになったってことは確かですね」

彼女はそんなふうに語るが、あるときから、彼女がうたう歌と、彼女の生きざまなり、キャラクターなり、ポリシーなりが〝一体化〟してきた。つまり、彼女自身と歌の間にギャップがないのである。ということは、彼女の歌が現実の彼女の等身大にきわめて近いということだ。

だからこそ今、彼女は自信を持って言えるのだ。

「不良がインテリっていうか、頭のいい男の子を好きになったときの気持ちってわかります？　怖くて、怖くて、しかたがないの。『オクトーバー・ムーンに抱かれて』とか『Love Comes and Goes』とかって、だから、私にしかうたえないんじゃないかな。あー、早くステージでうたいたいな」

彼女は今、たとえ高橋研の言葉でも、それをうたったとき、彼女の〝肉声〟として出すことができる。それは彼女がそれだけ人間的に成長したということだが、歌と本人が一体化しているからこそ、彼女の歌はリアリティを持っているのだ。だからこそ今、尾崎豊がティーン・エイジャーの〝ヒーロー〟になったように、彼女もティーン・エイジャーの〝ヒロイン〟として受け取られつつあるのである。

いずれにしても、デビューして2年半余りで、人間的にもミュージシャンとしてもこれほど成長した例は稀である。

彼女はまだ20歳――それだけに、これからが大いに楽しみだ。

要は、自分自身を常にクールに見つめて、甘えを断ち、自分自身をいかに磨くことが大切か、ということだ。それが〝向上心〟であり、向上心のある人間だけが、〝夢〟に近づけるのである。

小比類巻かほる

ハードルを越えるということ

自分にとって〝頼りになる人〟とはいったいどんな人間か？　この頃ふとそんなことを考えるときがある。それは、ぼく自身が他人に〝頼り〟にされる年代に入ってきたからかもしれない。

ぼくはこれまでたくさんの人を頼り、その手助けによってここまでもやってくることができた。その意味では人に恵まれたことを幸福に思っている。

ぼくにとっての頼りになる人は――ぼくのために〝ハードル〟を立ててくれる人だった。何の力もない、それでいて何かをしたいという情熱は人一倍持っていたぼくは、とにかく自分の力が出せる〝チャンス〟が欲しかった。いくら自分を磨いていても、ゲームに出して使ってもらえなければ、その力を出すことはできない、だからこそ、ぼくは自分の力を試せる〝ハードル〟が欲しかったのだ。

そんなぼくに黙って〝ハードル〟を立ててくれた人が何人かいた。

自分の力を試せるハードルを得たぼくは一生懸命に飛び越えた。そうしたら、次から次へとハードルが立てられた。そのハードルをとにかくぼくはクリアーすることだけを考えていた。クリアーすることが、ぼくのためにハードルを立ててくれた人に対する、ぼくができる唯一の恩返しだと思っていたからである。

ハードルを一生懸命飛び越えて来て、ふと後を振り返ってみると、たくさんのハードルがあった。しかも、徐々に高くなっていた。そして、前を見ると、さらに高いハードルが目に入る。ぼくはこれからこの高いハードルを越えなければと思う。もしもこの高いハードルを越えることができなければ、ぼくのためにこのハードルを立ててくれた人に申し訳がないと思うし、彼らはもうぼくのためにハードルを立ててくれはしないだろうと考えるからだ。ぼくは〝頼りになる人〟を失いたくはない。だから、越えるしかないのだ。そんなぼくだから、ぼく自身もできる範囲内でハードルを立てられる自分でありたいと常に肝に銘じている。

第1のハードル

小比類巻かほるは高校1年のときに、あるバンドのボーカリストとして学園祭に出演した。3年生の先輩から「ボーカルをやらないか」と声をかけられたからだ。そのとき彼女は「精一杯頑張ろう」と誓ったという。彼女は男たちを従えて、カーリー・サイモンのコピーやオリジナルを数曲うたった。

彼女はもともと音楽好きの少女だった。

彼女が生まれた青森県三沢市は日本最北端の〝米軍基地〟がある所として有名だ。そんな町がら、彼女は子どもの頃から、米軍基地内の米兵の子どもたちと遊んでいた。

「私の家の近くに米兵の住宅街があったので、幼稚園の頃から外国人の子どもとよく遊んだり、パスを持っていたので米軍基地内へもよく入りました。それと近くにジャズ喫茶があって、そこにはビデオがあって、外国のミュージシャンのビデオを流しているんです。アバとかソウル・ミュージックとかたくさんの洋楽を聴いて、音楽がとても好きになりましたね」

米軍基地があるという環境上、彼女は同年代の人間よりいち早く洋楽に目覚めていた。しかし、彼女が小学生の頃はピンク・レディーの全盛時代だった。

「学校ではピンク・レディーの物マネをよくやってました。だって、洋楽がカッコいいなんて言っても誰もわかってくれないし、仲間はずれにされるのが嫌だったので、みんなと合わせていたんです」

しかし、歌の上手かった彼女はピンク・レディーの歌で大受けしたという。

「人に喜ばれること、感動させることが私の使命なんだ、とそのとき思いましたね」

そう言って、彼女は照れ笑いを浮かべた。

中学生のとき、彼女はいつも通っていたジャズ喫茶でクインシー・ジョーンズの来日公演のビデオを見た。このとき彼女は背筋にゾクッと走るものを感じたという。

「私がめざすものはこれなんだ、とそのときはっきり思いましたね。なぜそう思ったのか、よくわからないんですが、体中の血が騒いだというか、私がうたいたかったのはこういう歌なんだと感じてしまったんです」

それ以降の彼女は、歌好きの少女というだけではなく、意志を持ってうたい始める。

そんな直後に、「ボーカルをやらないか」と先輩に声をかけられていたので、彼女は燃えていた。結果的に、燃えていたからこそ、彼女は〝第一のハードル〟を飛び越すことができたのだった。

自信と、努力

学園祭が終わった後——1本の電話が彼女に入った。

相手は地元・三沢では少しは名の知れたアマチュア・バンド〝ネブラスカ・オイシターズ〟の竹澤好隆氏からだった。

彼はたまたま学園祭を見に来ていて、彼女のボーカルに「これは……」と直感を覚えたのだった。それでスカウトするために電話をかけたというわけだ。

「きた……」

という感じでしたね、と彼女は言った。

「大袈裟に言うわけじゃないんですが、くるんじゃないかなと……という予感がなぜかあったんです。ですから、竹澤さんに、うちのバンドでやらないか、と誘われたときは、はい、やります、ってすぐに答えました」

大変な自信だが、その自信を裏打ちする努力を彼女はしていたのだ、ということを忘れてはならない。〝ネブラスカ・オイシターズ〟は三沢での自主コンサートや八戸のライブハウスを中心に活動してプロをめざしていた。メンバー全員が彼女より年上で、高校生は彼女ひとりだけだった。

〝ネブラスカ・オイシターズ〟に入った彼女は、それまでの生活を一変させた。それまではふつうの女子高生の生活だったが、音楽中心に変えたのだ。学校が終わると、午後4時から10時まではウエイトレスのバイトをして、深夜零時から3時まではバンドの練習をした。睡眠時間は3時間ほどだった。

「とにかく音楽をやりたいと思ったんです。バンドのメンバーがブルースや黒人音楽が好きだったんで、私も自然に黒人音楽に引かれて、サラ・ボーン、クルセイダーズ、ハーファスなどに出会って感化されました。今考えると、1日3時間の睡眠時間でよくできたなと思いますけど、あの頃は絶対にやるんだって決めてましたから、苦にはならなかったですね」

高校3年の夏休みのとき、彼女は上京していた竹澤氏を頼って上京。スタジオで「Seventeen」「Hold Me」の2曲を録音してデモ・テープを作る。

「とにかく東京へ行きたかったから、アルバイトをしました。東京へ行って、スタジオでデモ・テープを録って刺激を受けたのは事実ですね」

プロとしての新しい人生

高校3年の夏休みを過ぎると進路の選択が現実味を帯びてくる。彼女は一応専門学校へ通うクラスに入っていたが、心の中では就職も進学もしないでプロになる、と決めていた。

「霊感的なんですが、プロへの誘いが必ずあると信じていたんです」

3月10日――〝ネブラスカ・オイシターズ〟として、〝最後のライブ〟が三沢市公会堂で行なわれた。

このとき、現在の事務所のスタッフが見に来ていた。彼女のプロデューサーの小倉氏は言う。

「彼女のデモテープがあるルートを通してぼくの所に来たんです。それを聴いたとき、メチャクチャ歌がよかった。それで彼女に連絡を取ろうと思って、いろいろ調べてやっとわかったのが、コンサートの前日だったんです。よし、見に行こう、と決めて翌日行ったんですが、歌がすごく良かったですね。で、終わった後、彼女にあって、やらないか、と誘ったんです」

一方、彼女のほうは――。

「きた、チャンスだと思いました。だから、今まで蓄えてきたものを出し切ろうと思いました」

3時間の睡眠で頑張り通した彼女はプロが見に来るという〝第2のハードル〟を自力で見事に飛び越えたのだ。

4月に上京。彼女は本当は〝バンド〟と一緒にプロになりたかった。だが、非情にもスカウトされたのは彼女ひとりだけだった。

「悩みました。バンドを残して……喜んでいいのかどうか。そのとき、バンドの分まで私が頑張るのが使命だと思ったんです。ケンカしてうたいたくなったときも何度かありましたが、そんなときはいつも、またやろうってバンドのメンバーが声をかけてくれました。それで乗り越えてこれたんですが、そのときも、頑張れよな、って言ってくれました。だから、私が頑張ることが彼らに対する恩返しだと誓ったんです」

そんな思いを胸に秘めて、プロとして新しい人生は始まった。

1985年10月21日に「Never Say Good-bye」で彼女はデビューした。それ以来、彼女は3枚のアルバムと6枚のシングルを出し、いくつかのコンサートとライブをこなしてきた。これらはすべて、スタッフが彼女のために立ててくれた〝ハードル〟だ。そのハードルを彼女は無我夢中で一生懸命飛び越えてきた。ふと気がつくと「Hold On Me」がヒットしていた。

そして今、目の前にはさらに高い〝ハードル〟が見える。このハードルを越えるのは彼女自身だし、そのためには自分にきびしくしてトレーニングを積まなければならないことはもはや言うまでもないだろう。

ハードルを立ててもらったとき、キミは飛び越えられるだけの自分でいられるだろうか？　それが問題なのである。

徳永英明

自らを輝かせる旅の途中で

雛を孵す苦しみ

徳永英明は「輝きながら……」のヒットでブレイクした。この曲で彼を知った人は、彼を〝ラッキー・ボーイ〟だと、とらえているかもしれないが、それは間違っている。ここまでたどり着くには、彼なりに暗中模索をして、暗くて長いトンネルを自力で抜け出したのである。

彼は昨年の1月25日にシングル「レイニー・ブルー」、アルバム『Girl』でデビューした。それ以来3枚のアルバムと4枚のシングルを出している。また、デビュー時からルイードなどのライブハウスでツアーをやったり、渋谷公会堂、日本青年館大ホールなどコンサート・ホールでのツアーも行なっている。その意味では、彼の歩みは傍らから見れば順調にみえるところがある。

しかし——。

サード・アルバム『BIDRS』を出したとき、彼は思い切り煮詰まってしまったのである。なぜかというと、音楽的な方向性が定まっていなかったからだ。

ファースト『Girl』ではバラード中心に、セカンド『RADIO』ではライブを意識したのか、アップ・テンポのナンバーが増えた。そして、サード『BIRDS』では——。

「ファーストはプロとしてやっていくためのがむしゃらな気持ちしかなかったから、曲は荒削りでしたね。セカンドはライブでも映えるような男っぽいタイトな曲が多い。それって単にきれいなメロディを追っかけたり、客のノリなんかを意識して媚びてただけなんですよね。全然自然じゃない。そのまま整理しきれていない状態でレコーディングに入ったから、時間がなかったこともあって、今回は思い切り煮詰まりましたね。3、4曲できあがったあたりから、メロディが全く浮かんでこないんです。そうすると、悪循環で何を伝えればいいのか、誰に話せばいいのか、何を信じたらいいのかもぼやけてわからなくなる。じゃあ半分は他人の曲にする？っていうスタッフの言葉にも反論できない。正直言って、もうダメなのかなと思ったりね」

ここで煮詰まるとやばい。そんな彼を救ったものは何だったのだろうか？

デビューへの挑戦

彼は中学3年の時に井上陽水の「氷の世界」を聴いて音楽に目覚めた。

「こういう音楽があったのか……」

そう思った彼は、すぐさまギターとコード・ブックを手に入れて曲を作り始めた。歌うことはもちろん好きだったが、それ以上に曲作りに熱中したと言う。

高校時代にビートルズ、ELOに出会う。

「ビートルズには感動しました。そしてELOを聴いたときは、何て優しい曲なんだろうって夢中になりました。その時の感動が僕の今の音楽につながっていると思います」

高校卒業後、父親が東京へ転勤したこともあって、彼も上京する。この上京は彼にとっては好都合だった。

「音楽業界の人と知り合いになって、何とか業界にもぐり込もうと思っていましたからね」

彼は普通に進学、就職はしないでアルバイトをしながら、ひたすらデモ・テープ作りに励んだ。そして音楽関係者の出入りが多いと思われる乃木坂のスナックや新宿の居酒屋でバイトをした。新宿の居酒屋はライブハウス〝ルイード〟と同じビルの中にあったというから、彼の執念のほどがうかがい知れるというものだ。

「レジで領収書を切る時に社名を聞いて、名刺をもらって、後日訪ねていくという感じ。新宿の居酒屋はルイードと同じビルにあったから、リハーサルを見せてもらったんです。勉強のためって言うんじゃなくて、最近の人たちがどんな曲を作って、どんなアレンジをしているのかが知りたかったからです。それに、新鮮な音楽と触れ合っていられたから」

この時の彼は、自分で歌うというよりも、自作曲がどう評価されるかということのほうにより重点を置いていた。わずかなコネを頼りに地道に配り歩いたデモ・テープに対する反応は悪くはなかった。ルイードのオーディションにもパスして、月に1回ライブをやるようになる。ここに至って初めて彼は、それまでソングライター志向が強かったが、ライブを重ねるにつれて、うたうことに魅力を感じていった。だが、正式にデビューが決まるまではプロ思考はなかったという。

「おいしそうな話はいくつかあったんですけど、結局どれもいい加減なもので、信じられなくなったんです。だから〈マリンブルー音楽祭〉でグランプリを取って、デビューの誘いがあった時も、またか、って思ったくらいですからね」

結果的に、このコンテストがきっかけとなって、彼は昨年の1月21日にデビューすることになる。

輝き続けるために

煮詰まったり、落ち込んだりしたとき、人は悩み、もがく。〈こんなはずじゃなかった〉と思い、どんどん弱気になり自分を見失ってしまう人もいるし、自分のスタンスを再認識する人もいる。ふつう前者のほうが圧倒的に多いが、彼は幸いにも後者だった。

　彼は悩んで煮詰まって、もうダメかなと思ったとき、自分が音楽を始めた時の〝原点〟を思い出したのである。

　その〝原点〟とは——彼の心の琴線に初めて触れたビートルズ、ELOを聴いた時の〝ときめき〟だった。そのとき、彼がどう思って音楽をやろうと決意したのか、そのときの〝思い〟が何年かぶりに甦ってきたのである。

「もうダメかもしれないと思ったとき、開き直ったのが良かったんだと思います。なにげなく昔好きだったELOやビートルズの曲を聴いていたときにピンときたんです。本当に好きな音楽を自由な発想で歌うことが一番だ、と。だから、サードは詞や曲の細かい部分をどうのこうのいう以前に、自分の今の素直な感想を音にできたことに満足しています。高校生の時、ビートルズやELOを聴いて僕が感動したのは、自分の心を音楽にしているということだったんです。僕は自分の心を音楽にしたくて始めたわけですから、素直にそうすればいいんだと思ったんです」

　彼は「輝きながら……」のヒットで今輝いている。しかし、本当に輝き続けられるか否かは、ヒット曲を出し続けられるか否かでは決してない。必要なことは、決定的な〝転換〟が与えられた瞬間に、自分が、どんな〝思い〟を抱いて一歩を踏み出したのか？——その思いをいつまで持ち続けることができるかということだ。

　彼がこれからも輝き続けられるかどうかはその一点にかかっていると言っていいだろう。いや、彼だけではない。ぼくにとって、一歩を踏み出した19歳の時の〝思い〟——〝自分の歌を歌いたい〟——をどんな状況にあっても持っていられるかどうかしかない。その思いが消えたときは、ぼくがペンを折る時だろう。

誰の人生にも決定的な〝転換〟が与えられる瞬間がある。突如やってくる者と、緩慢にやってくる者とがいるが、要はその〝転換〟の瞬間を逃すことなく、さらにそのときの〝思い〟を持続できるか否かに、その後の人生の明暗はかかっているということだ。だとしたら、キミはまずその瞬間を捉えることができるだろうか？　キミの人生はそこから始まるといっていい。その瞬間を捉えたからこそ、徳永英明は今ここに存在しているのである。

NOBODY

ふたりに危機はなかった

急（せ）いては事を仕損ずる――あせって気をもむとやりそこなう。急ぐときこそ、よりいっそう落ち着いて事にあたらなくてはならない。（『ことわざ名言辞典』より）

13年前、木原敏雄は「一緒にバンドでやらないか」と相沢行夫を誘ったが、相澤は断ってしまった。なぜなら、そのとき既に彼は矢沢永吉のコンサート・ツアー用のバック・バンドのギタリストとして拘束されていたからだ。しかたがないので木原はケーキ屋でアルバイトを始める。

もしもその時点で相澤が承認していれば、〝NOBODY〟はそのときにスタートしていたかもしれない。しかし、NOBODYが現実に結成されたのは、それから6年後の1981年のことである。

結果的に、この6年間の遅れが今の彼らを形成するうえでは重要だったのだ。

バック・バンドで養ったもの

矢沢のツアーが始まって半年ほど経った頃、今度は逆に相澤が木原を誘うことになる。

「実は矢沢のバンドでもうひとりギタリストが欲しいんだけどやってくれないか」

相澤の誘いに木原は渡りに船とばかりに飛びつく。ケーキ屋の店主から「キミもそろそろ社員にならないか」と言われていたからだ。このときから5年間、彼らは矢沢のバック・バンドとして同じ釜の飯を食うことになる。
ふつうなら、ふたりが一緒になったところで「もう一度バンドをやらないか」という話がぶり返してもおかしくはないが、彼らの場合は不思議とそうはならなかった。
「一応バンドのリーダーはオレがやってたんですよね。最初の1年半ぐらいいってメンバー・チェンジがあったりして、そのゴタゴタをまとめることで精一杯でしたね」（相澤）
「オレの場合はケーキ屋になろうかと思って、とりあえず一回音楽やめようかなと思ってた時期に、相澤に誘われて入ったでしょう。だから、今できる音楽に真剣に取り組もうという姿勢だったよね。」（木原）
初めの1年半がゴタゴタ続きの不安定期とすれば、その後の2年間は不動のメンバーの安定期。この時代はミュージシャン意識が先行していたという。
「ちょうど時代的にもフュージョンの時代でね。ミュージシャンが脚光を浴びた時代だからね。だから、どっちかというとミュージシャン意識がすごい。要するに、ギタリストとしての意識が強かった」（相澤）
そして、アーティスト意識に目覚め始めたのが後半の2年間だった。
それまで矢沢は年間に100本のコンサートを消化していたが、後半の2年間はアメリカ進出の準備のために国内の活動はおさえめにして、年間に50本とコンサート本数を減らしていた。これによって、年中ツアーに追われていた彼らに物理的にも精神的にも余裕が出てきた。
彼らは真剣に考えた。いや、考えざるをえない状況だった。矢沢が渡米すればバック・ミュージシャンの仕事は終わる。食うためにまた仕事を捜さなければならない。食うためにはバック・ミュージシャンが手っ取り早い。しかし、本当にやりたいのは何か？と考えたとき、彼らは「自分たちもうたいたい」と心から思ったという。
「ずっとギター弾いてて、ツアー回ると、やっぱりオレたちもうたいたいと思うんだよね。ずっと昔はふたりともうたってたしね。うたいたい、という、そういう気持ちが徐々にふくらんできましたね」（相澤）
木原はバック・バンドをやりながらも心の片隅では相澤と組んでバンドをやりたいと思っていた。ただ物理的に不可能だったことと精神的にも余裕がなかった。しかし、彼は同じ釜の飯を食うことで一緒に組めるメンバーかどうか、相澤の意識を常にさぐっていた。
「相澤とは19歳からの知り合いだけど、同じバンドでやったことは一度もなかった。だから、どの程度一緒にできるもんかと、矢沢のバックを5年やってわかったことはプラスでしたね」（木原）

アーティスト"NOBODY"の自立

お互いの意識が確認できたところでふたりは"NOBODY"を結成してデモ・テープを作り始める。初めは5、6人のバンドにしようと思ったらしいが、バンドのゴタゴタは経験していたので、気心の知れたふたりの音楽ユニットとした。

彼らは初めから作家とアーティストの2本立てでいこうと思っていた。むろん、本音としては自分たちの曲で自分たちのレコードを出したいと思っていたが、そんなに甘いものではない、ということは長くやって知っていたので、とりあえず作詞、作曲家として世に出ようと思ったのだ。

LP2枚分のデモ・テープを作って彼らは面織のあるディレクターに売り込んだ。幸運にもその中の何曲かが採用され、ハウンド・ドッグに提供した「浮気なパレット・キャット」がヒットした。それがきっかけとなって曲の依頼が殺倒する。

翌82年、NOBODYとしてアルバム『NOBODY』を発表し、いよいよアーティストとしての活動を開始。

だが、初めの2年間は8対2の比率で、アーティストとしてよりも作家の活動のほうが多かった。しかし3年目に入って、ライブやコンサート活動を始めるようになると、が然アーティスト意識が強くなる。

彼らにとってきわめてラッキーだったことは、アーティスト意識が強くなったのと、作家〝NOBODY〟の全盛期が一致したことだ。

このとき、NOBODYは吉川晃司「モニカ」「さよならは8月のララバイ」「You Gott a Chance」、アン・ルイスの「六本木心中」「ああ無情」などたくさんのビッグ・ヒットを放つ。これによって作家としてのNOBODYの知名度が高まり、それがアーティスト〝NOBODY〟にもはね返り、彼らのレコードは売れ、コンサートの観客動員数も増えた。

85年、アーティスト〝NOBODY〟として自立。初めての全国ツアー（35カ所）ができるようにまでなる。

「アーティスト活動がもっと遅れていたら、たぶんそのまま作家のほうばかりになっていっちゃったろうな」（相澤）

下手をすると、歌がうたえない、という状況もありえたというわけだ。

そして、86年。彼らは東芝ＥＭＩに移籍して『レストレス・ハート』というアルバムを発表して、よりメジャーな存在をめざし始めた。

目指してるのは〝究極のスルメ〟

自分のバンドがパンクした相澤と木原が、バック・バンドのミュージシャンから再びアーティストとしてはいあがってきた。そのしぶとさはいったいどこにあるのだろうか？

「まず第1に、あたりまえのことだけど、音楽がかなり好きじゃないとダメですね」

そう言ってから、相澤は、

「ポップスの質に関しては、自分たちの作るものにはかなりの自信があったからできたと思います」

と、つけ加えた。

木原が傍らで相槌を打つ。

「60年代の音楽は、宝石でいえば、ちょうど原石みたいなもので。年輪みたいなものがしっかりしてる時代の音楽を聴いてきたから、サウンドの形態とか、いろんなものの流行りとかがどんどん変わっても、本質はつかんでいるというかそのへんが自信なんですね」

彼らの音楽には流行に左右されない芯がある。それは1月25日にリリースされたニュー・アルバム『GOT A FEELNG』を聴けば自ずと明らかである。このアルバムで彼らは決して新しいことはやっていない。いや、時代に逆行するかのように打ち込みはやらないで、「セーノ」でプレイしている。

「もっとラフに、もっとホットにということを出したかったんだ」

と木原は語るが、相澤は「NOBODYのめざしているのは〝究極のスルメ〟だ」と言って笑った。

「作家として他人に曲を書くときは出足の速さということを考える。つまり、おいしい部分を上手く出すということだが、どうしてもその場合〝鮮度〟は一瞬で長続きしない。まあ、それがヒット曲ということなんだろうが、NOBODYでやる場合、超泣きのフレーズというおいしい部分がなくても、鮮度がずっと保てるというか、スルメっていつまでかんでいても始めから終わりまで変わらないでしょう。NOBODYとしては、そんな音楽をやっていきたい。そして、そんな条件を満たしながらも万人に受け入れられる。それが目標かな。だから、じっくりとあわてず、あせらずにやりますよ」
『GOT A FEELING』にはそんな彼らの〝芯〟がビシッと通っている。だからこそ、ヒット曲の有無に関係なく彼らは存在できているのだろう。

「ふたりでやってるメリットは必ず相手のフィルターみたいのを通さないわけにはいかないから、相手を納得させなきゃいけない。そのためには手抜きができない。それがメリットかな」(相澤)
日本では稀な音楽ユニットであるNOBODY――「ふたりに危機はなかった」(木原)と言い切れる自信。それは6年間というお互いを認識できる期間があったればこそである。何事も急いては事を仕損ずる。まず自分の〝核〟を固めることが大切のようだ。キミは究極のスルメになれるか?

J-WALK

メンバー・チェンジは、バンドのショック療法だった

ピンチのときこそが逆にチャンスなのだ。なぜなら、ピンチで形勢が悪いときほど、どうにかしなければとやる気が出、往々にして予想もしなかったような新しい局面が切り開けるケースが多いからだ。だから、ピンチだからといって悲観することはない。

J-WALKの人気が現在急激に高まってきている。昨年の秋頃、彼らのデビュー曲「Just Because」が大阪、福岡を中心に有線チャートで突然上昇したからだ。1981年6月にリリースされたデビュー曲が6年半経った時点で突然浮上するということはこれまでにあまり例がない。彼らは有線チャートに応える形で昨年の9月25日に「Just Because」を再リリース。そして12月には「Just Because」をフィーチャーしたベスト・アルバム「Just Because」を発表した。そんな下地があったためか、去る3月31日、4月1日の2日間、芝浦のライブハウス〝芝浦インクスティック〟で行なわれたライブは満員の大盛況だった。会場はライブハウスでまだ小さいが、爆発寸前のエネルギーがあった。その意味で、J-WALKにとってこれからが大いなる飛翔の〝チャンス〟である。

しかし——。

そんなJ-WALKではあるが、今から1年半ほど前はピンチだった。彼らにとっては絶体絶命の〝ピンチ〟だったといっていいだろう。

突然のメンバー・チェンジ

バンド結成以来、初めてのメンバー・チェンジがあったのだ。近藤敬三（ギター）、長島進（ベース）のふたりが抜け、新たに中内雅文（ベース）が入り、J-WALKは中村耕一（ボーカル&ギター）、知久光康（ギター）、田切純一（ドラムス）、杉田裕（キーボード）、中内助六（ベース）の5人編成となった。新生"J-WALK"が生まれたというわけだ。

「ショックでした。ぼくらにとって初めてのメンバー・チェンジだったし、一連託生というか運命共同体と思っていたから、ぼくらにかぎってはメンバー・チェンジはないって信じてましたからね。それだけにすごくショックでした」

中村耕一はそんなふうに心情を吐露した。

J-WALKが結成されたのは80年9月のことだ。5人の強力なインストゥルメンタル・グループにボーカルの中村が加わってスタートしたのである。J-WALKに入る前、中村は地元、函館でセミ・プロのミュージシャンとして活躍していた。当時、函館では知る人ぞ知る〝スター〟だった。

彼は中学、高校時代からアマチュア・バンドを結成して音楽活動を始めていたが、それが高じて大学のときにはダンスホール、ゴーゴー喫茶（今のディスコ）、ジャズ喫茶に出演する、いわゆる夜の〝ハコ・バンド〟の世界に入ってしまう。

「大学は1年で中退して、後は音楽一色の生活でした。けっこう楽しかったですよ。23歳ぐらいまでは目いっぱいやりたい音楽ができましたから……。ところが、24、25、26歳ぐらいのときは煮詰まりました。というのは、ジャズ喫茶、ダンスホールが段々と下火になって、それに伴ってクリーム、ストーンズなど好きな音楽ができなくなってしまったんです。店がクラブ、キャバレーふうというか、アルコールを飲ませながら演奏を聴かせるようになったので、歌謡曲や演歌もやらなくてはならなくなってしまったんです」

いくら煮詰まっても食うためには演歌もうたわなければならなかった。夢が現実の前で立ち往生を始める。ここでプロになるために上京する、というのがよくあるケースだが、他のメンバーがそうしても、彼は函館に留まった。

「プロになりたいという夢はありました。そのためには東京に行かなければということもわかっていました。でも、東京で暮らしたくはなかったんです。うちのオヤジが転勤で横浜に行ってたので何度か行きましたが、どうもなじめなかったし肌が合わなかった。だから、東京へは絶対に行きたくないと思っていたんです」

上京をあきらめた彼にとって、夢は函館で有名になることだった。

「それからはとにかく金をためようと思いました。金をためて自主制作のレコードを作って、オレは音楽をやってんだ、ということを確認して、小さな満足を得ようと思ったんです」

彼は食うために夜のハコ・バンドでうたい、夢を実現するために他のバンドを作って定期的にコンサートを始める。

柳ジョージとの出会い

そして、何年か経った。

79年のことだ。彼がうたっていた店に偶然、柳ジョージ&レイニーウッドのメンバーが遊びに来た。当時、柳ジョージの全盛時代で彼らは函館にコンサートに来たのだった。彼は柳ジョージが好きでコピーをしていた。「やれ、やれ」というメンバーのリクエストに応える形で彼は柳ジョージのコピーをした。これが受けた。それから彼とメンバーの交流は始まった。

それからしばらく経った頃、彼は彼らから「今、あるバンドがボーカルを捜しているんだけどやらないか」と誘いを受ける。うれしかったが、彼は躊躇した。

「それまでに甘い誘いは何度かありました。でもどこかうさん臭くてどこまで信用していいものかわからなかったので、みんな断りました。しかし、レイニーウッドはぼくが好きなバンドだし一目置いてましたから、この人たちなら信用できると思って決めたんです。それと28歳になっていたし、これが最後のチャンスかな、と思ったことも大きかったですね」

こうして彼は上京し、J-WALKのメンバーとなる。

J-WALKは81年6月にシングル「Just Because」、アルバム『JAY WALK』でデビューした。翌年82年2月にセカンドアルバム『JAY WALK'（ダッシュ）』、同年12月にサード『SENTIMENTAL ROAD』をリリースした。傍目には順調に見えた。しかし、「あのときほど迷っていたことはない」と中村は言う。

「正直に言って、東京と田舎のギャップに悩みました。実力の差がありすぎるんです。だからレコーディングしても上手くうたえない。ただメロディを追っかけることが精一杯だった。それで方向性を見失ってしまったんです。自分の音楽っていったい何なのか、ということがわからなくなってしまった。ぼくが揺れ動いているから上手くいくわけがないですよね」

新生J-WALKとして

83年2月から85年7月まで、J-WALKは柳ジョージ＆THE BAND OF NITEのメンバーとして、柳ジョージのバックバンドを務める。そのためにJ-WALKとしての活動ができなかった。

「ぼくはジョージさんの後ろにいてコーラスをつけていて、いろいろ教えられるところがありました。その点においては勉強になりましたが、J-WALKとして活動できない不満はたまりましたね。でも、今はどうしようもないんだ、とがまんし、それをエネルギーにしようと思いました。だから、4枚目のアルバム『EXIT』を作って活動を再開したときは思い切り張り切りました」

それまでの欲求不満を吐き出すかのように彼らは活動を全開した。しかし、空しく〝空まわり〟するばかりだった。

「肩に力が入りすぎたというか、自分たちの思いが音として出なかったんです。今シビアに考えると、バンドとしての方向性が見えていなかったんだと思います。たぶん一生懸命やっているようでチンタラやってたんでしょう。ぼくらのバンドは妙に大人だったというか、仲がいいようで本当のコミュニケーションが取れていなかったんです、きっと……」

メンバーそれぞれにはこうしたいという意志はあるが、それを戦わせることでバンドの意志として統一することがおそらく彼らにはできなかったに違いない。必然的にバンドの方向性が統一されていないので、それぞれが「こんなはずじゃなかった」と思うようになり、結果的にはそれが爆発してしまった。

「ショックだったけど、残ったメンバーで話したことは、これは逆にいい転機だから、初心に戻ろうと決めたんです。初心に戻ろうと思っても、いったん動き始めてしまうとなかなか元には戻れない。それがメンバー・チェンジで否応無しに戻らなければならなくなった。その意味では、J-WALKにとって、メンバー・チェンジはショック療法になりましたね」

新生〝J-WALK〟は初心に戻ってライブからスタートした。この1年間彼らはそれまで行ったことのない小さな町を精力的にまわった。その結果、彼らが得たものは想像以上に大きかった。

「地方をまわって帰って来ると自信がついてくるのがわかるんです。ああいう状況の悪い所でもできたんだということが、やればできるんだ、という自信になるんです。逆にコケたら、ナニクソと奮い立たすエネルギーになりますしね」

ライブを1本こなすたびに彼らは壁をクリアーし自信をつけてきた。だからこそ、中村は今、自信を持って言うのだ。

「メンバー全員が同じ方向を向いているということが今はわかります。だから、一丸となって進むことができるんです、今は」

メンバー・チェンジというピンチに立たされたとき、彼らはそのピンチを、初心に戻れる転機だと考え、逆にチャンスとした、だからこそ、現在のJ-WALKが存在しているのだ。ゆえに——ピンチこそ逆にチャンスなのだ、というのである。

大江千里

REAL POPSの足跡

大江千里の歌は一度聴いただけでは、大甘なラブ・ソングに思えるが、実はそうではないのである。そのことにぼくが気づいたのは、1986年11月6日にリリースされた彼の4枚目のアルバム『乳房』でだった。

それまでの彼はぼくの視界にはなかった。つまり、ぼくの興味の中にはいなかったということだが、3枚目の『未成年』あたりから気がかりになり、『乳房』では完全にぼくの視界に入ってきた。だから、そのときぼくは彼に会ってみたいと思ったのだ。そうして初めてインタビューということで激しくクロスしたというわけだが、このときのインタビューはとてもスリリングだった。それだけ彼が光り輝いており鋭かったからだ。そのとき彼が話してくれた彼のフィリピンでの体験談は今でも脳裏に焼き付いて離れない。

身近な人を愛するということ

『乳房』をリリースした年の夏――彼はフィリピンに行った。初めての海外旅行なので多少浮かれ気分だったが、着いてすぐにそれは吹っ飛んでしまったという。

観光案内に雇った現地のコンダクターは偶然にも40歳ぐらいの日本人女性だった。彼女は20年前に祖国を離れコンダクターをしながらマニラで暮らしていた。遠い異国の地で女性がひとりで生き抜くには必要以上に気丈夫にならなければならない。事実彼女は気丈夫そうに思えた。

そんな彼女が涙ぐんでいる光景を彼は目撃したという。彼らが日本の歌を合唱しているときのことだった。その歌を聴きながら彼女は涙ぐんでいた。見られまいとして後ろを向いていたが、小さな肩が激しく震えていた。

遠くの昔に捨てたはずの祖国への思いが突然甦ったのか、彼女の涙は外見が気丈夫なだけに心打たれるものがあったようだ。そんな彼女を、彼は慰めてあげようと思った。けれど、言うべき言葉が見つからないのだ。「そのときほど情けなかったことはない」と彼は言う。「ぼくは歌を書いているのに、彼女を慰める言葉さえも探せなかった。手が届きそうなところにいる彼女に僕は何もしてあげられない。このときほどショッキングなことはなかったですね」。

彼は歌を作って、特定の人に聴いてもらう――それは幸福なことだし、自分の存在の証しだと思っていた。しかし、フィリピンに行って、手が届きそうなところにいる人に、〝心の救済〟さえできなかったことで、それまでにやってきた歌に対する認識を新たにしなければならなかった。この認識こそが彼を大きくさせたのである。

帰国した彼はすぐに『乳房』のレコーディングにとりかかった。レコーディングのある日は、新宿駅からスタジオのある新宿御苑までわざと歩くことにした。すると今まで見えなかったものが見えてくるのだった。浮浪者、酔っ払い……など救済を必要としている人々が身近にとても多いのだ。世の中はアフリカ飢餓救済とかでやたらチャリティーがブームとなっていたが、アフリカより身近な救済を求めている人は意外と多い。そんなこととフィリピンでの体験が、やがて収斂して、彼は彼なりの答えを出すことになる。

「人を愛するんだったら、まず自分の目の前にいる女性を愛さなければいけない。幸福にしなければいけない。そういうところから出発しないと何も始まらないから……」

おそらく彼は、まず自分の目の前にいる女性を愛することが全ての始まりである、ということを確かに認識したのだろう。

フィリピン体験から「コスモポリタン」という歌が生まれる。そして、その答えとも核ともいうべき「愛するということ」も生まれる。〝自由なんていらない　平和なんていらない　きみがそばにいればいい　君が全てになればいい〟

こうしてこれらの歌が収録されたアルバム『乳房』は完成した。ここに収録された歌は表面だけをみると、大甘なラブ・ソングに見えるが、実はそうではない。本当の自由、本当の平和、本当の幸福を求めるのなら、まず自分の身近にいる人に心を全開にして愛しなさい、ということを教えているのだ。

この『乳房』というアルバムによって、彼は単なる聴き心地の良いポップス・シンガーから、メッセージを持った芯のあるポップス・アーティストの地位を確立したのである。

とはいっても、むろん一朝一夕にしてなったのではない。

27歳の〝今〟の想いを……

彼は81年10月――関西学院大学在学中にCBSソニー・SDオーディション最優秀アーティスト賞を受賞した。ふつうなら、そのままデビューしてもいいのだが……。
オーディションに受かってからデビューするまでの1年余り、彼はプロになるためにさらに実力を蓄えようとして、受験勉強なみの音楽修業を積んだ。たくさんの曲を作ったり、視野を広げるために授業をさぼって映画を1日に3本見たり、本をたくさん読んだりした。なぜこんなに頑張ったかというと、プロになると決めたとき、音楽は彼にとって自分を再発見するものだ、という意識があったからだ。

この意識のもとで。83年5月21日に「ワラビーぬぎすてて」でデビューして以来、彼はファースト『WAKU WAKU』。セカンド『Pleasure』。サード『未成年』を作ってきた。そして『乳房』は自分との対決だった。

「自分がこの世に生を受けて、それで歌をうたって何かを形にしているということは何なんだ。ということは、あまり難しく考えるべきじゃないかもしれないけど、やっぱりうたっている以上、自問自答しないといけない時期って絶対くるし、その意味で、『乳房』では、初めて自分と戦ったというか、自分自身を問いつめて、それなりの答えを得たっていうのは大きいですね」

そのとき彼は25歳。「今どき珍しいほど生真面目な男」だと思った。

「ぼくには今しかないんです。先のことを考えて、今を生き忘れることが一番嫌なんです」

彼と初めてクロスして、「軟弱そうな」ルックスに似ず硬骨漢だな、という印象を強く持った。

あれから早いもので2年半という年月が流れてしまった。

この2年半の間に彼は大きく成長した。86年11月6日にアルバム『AVEC』、87年6月21日に『OLYMPIC』をリリースし、同時に全国35カ所に及ぶコンサート・ツアー《AVEC》、48カ所に及ぶツアー《OLINMPIC TORCH TOUR》も行なった。

アルバムを作り、ツアーをすることによって、彼は歌を肉体化させることでさらに前進した。

「歌を書くことは、自分の頭の中にあるグシャグシャしたものを、ある一点に集約していって作るんですが、そうしてできた歌が帰結するのは、ツアーをやってライブでうたって初めて肉体化されるときなんです。その意味で、ライブは僕にとってとても重要なファクターですね」

《OLYMPIC TORCH TOUR》は彼にとって特に大きな意味を持っていたという。というのは、彼の中で自分の歌が変化した時期だからだ。こんなことがあったという。

「ツアーの後半だったんですが、ピアノの弾き語りで『きみと生きたい』をうたっていたんです。お客さんも一緒に口ずさんでいた。そのとき、ぼくは突然ピアノを止めたんです。そうしたら会場がシーンと水を打ったように静かになった。そしてまたピアノを弾き始めて、いつもは〝きみと会えてから本当の孤独が優しさにあると知ったよ〟とうたうところを〝きみに会えてから本当の孤独がきびしさにあると知ったよ〟とうたったんです。いや、うたわされたんです。そうしたら、その言葉にぶたれたのか、会場内からは声も出なかった」。

これは彼の中で歌が生まれ歌が帰結していくわかり易い例だが、彼は今自分の考えていること、怒っていることを、歌という形にしていくときに、なるべくそれがインパクトのある形で伝わっていくように心がけている。かといって決して無理はしない。「まだ27年しか生きていないから、この時点でぼくの人生なんて、これ以上でも以下でもない。ただ27という等身大の自分というものが素直に出せればいい。27歳という年齢の持つ苦みとか幅とかが……30歳でも25歳でもない27歳の。そんな産物的な歌がでてきたらと思います。それがニュー・アルバム『1234』では出せたんではないかと思います」

彼はそんなふうに語っているが、まさしくその通りだといっていい。「ハワイへ行きたい」という歌は1度聴いただけだとごくふつうのラブ・ソングに聴こえるが、〝この海の先は今日前線に入る〟という〝前線〟のタブル・ミーニングに気がつくと、これは彼ならではの反戦歌だということがわかる。それをさりげなくしてしまうところに彼のオリジナリティはある。『1234』ではそのオリジナリティが今まで以上に確立されている。

大江千里をただのポップス・アーティストだと思っている人がいたとしたら、それはセンスのない人だ。本当にセンスのいい人なら黙って大江千里を選び出すはずだ。それほど彼の歌には深さがあるのである。もっともそれに気づくだけの選択眼を持っていないとダメではあるが。ぼくはそんな思いをますます強くしている。彼はぼくの視界の中でグーンと大きくなり続けている。これから激しくクロスする機会が増えることだろう。

スターダスト☆レビュー

スターダスト☆レビューの静かでガンコな逆襲宣言

スターダスト☆レビューといっても、まだ名前だけしか知らない人がいるかもしれない。彼らにはこれといったヒット曲がないからだ。しかし、ことコンサートの観客動員数に関しては彼らは既に〝一流〟である。ワン・ツアー30本以上というのが一流の条件であるが、彼らは既にこの条件を満たしているからだ。ライブ&コンサートに強い——スターダスト☆レビューはそんなバンドなのだ。

NOTHING BUT A"LIVE"!

彼らにはフェイド・アウトしなければならないような危機があった。デビューして2年目（1982年）のことだ。セカンドアルバムを出してからサードアルバムを出すまでに、なんと〝2年9カ月〟という空白期間が生じてしまったのだ。

81年5月にシングル「シュガーはお年頃」、アルバム『スターダスト☆レビュー』で鳴り物入りでレコード・デビューしたものの、まったく売れなかった。続くシングル第2弾、第3弾も、セカンド・アルバムも売れなかった。

「レコードは出せば売れるものと思っていた。ところが、200位にも入りゃしない。でも、次があるさって思ってた」

根本要は言うが、その〝次〟さえも失くなってしまったのだ。

レコードを出せないということはプロ・アーティストにとっては致命的だ。プロの場合は、まずレコードがあって、そのプロモーションの一環としてライブ&コンサート・取材などが組み立てられるからだ。つまり、レコードという芯がないということは音楽活動ができないということを意味していた。

こうして、解散したりフェイド・アウトを余儀なくされたアーティストは数多い。

しかし――彼らはきびしい現実をしのぎながらもチャンスを持つことができた。なぜか？　そんな状況の中にあっても、彼らはライブ活動を続けることができたからだ。

「レコードが出ない。売れないからしょうがない。レコードが出ねえんだったら、ぼくらの武器は何だ。ステージだ。じゃあステージをやろうって考えたんです」

根本は状況がいくら悪くても、めげる材料になるような考え方はしなかったという。

2年9カ月の間、彼らは実にたくさんのステージを行なった。売れていないから当然客は入らない。だが、彼らは決してめげなかった。

「やしきたかじんさんが病気で、その代わりにぼくらがライブ・ハウスに出たことがあるんです。お客さんはやしきさんめあてに来てますから、ぼくらが出て行くとブーブー言われるわけ。聴いてくれないわけよ。頭きちゃってね。曲は4曲か5曲やって、あと30分間はしゃべったわけ。お前らがそういう態度をするんだったら、オレは帰っちゃうよ、とか、泣いちゃうよ、とか、いろいろ言ってると、そのうちにだんだんこっち向き始めて、しゃべってる言葉に反応してくれるようになった。で、2部やったら、盛り上がった。これがさっきと同じ客かよというくらい盛り上がった。あれでやっぱり自信を得ましたね。ぼくらは、聴く気にさせたら強いぞ、っていう確信を持ちましたね」

音楽に対するプライドは高く保つが、聴く気にさせるための〝しゃべり〟に対してはプライドは持たない、とそのとき根本は決めたという。こうして、彼らはひとりずつ客を獲得していったが、彼らがきびしい状況をしのげたのは、やはり〝メンバー〟という仲間がいたからだろう。

「ソロ・シンガーは自分の技量がなくなってネタがなくなったら終わっちゃいますからね」

根本はそう言ってから、つけ加えた。

「ぼくの運の良さって人集めの運の良さだと思うんです」

人間が好き、そして音楽が大好き

スターダスト☆レビューは、三谷泰弘（キーボード）を除いて、根本要（ボーカル、ギター）、柿沼清史（ベース）、林紀勝（パーカッション）、寺田正義（ドラムス）の全員埼玉県出身で、熊谷のアマチュア・サークルでそれぞれ別個に音楽活動をしていた。

根本のメンバー集めのしかたはユニークだった。ふつうはリード・ボーカリストがいて、あとはバック・バンドという形になるが、根本はそうはしなかった。

「はっきり言って、ぼくは見栄えはあんまり良くない。ぼくだけ見ててもお客さんは絶対満足しない。ぼくのギターだったら、歌だったら満足してくれるかもしれないけど。だったら、見栄えのいい奴が絶対に必要だ。そこで柿沼といううちで1番の二枚目がいるわけですよ。こいつはベーシストでぼくの隣に絶対に必要だ。それからもっとお茶目な部分が必要だ。その部分はパーカッションの林だ。そんなふうにして選びましたね」

こうして集めたメンバーで、根本はコーラスに重点をおいたグループを始めた。

「単純にぼくが歌が上手くないからみんなでうたって補おうということだったんですがね。もちろんリードはぼくが取ってますけど、サビはみんなでうたおう。そうするとメリハリがつきやすいですからね」

ふつうならリード・ボーカルの特権をフルに利用して、自分がめだつために自分自身を前面に押し出すものだが、根本はあえてそうはしなかった。それは彼の性格による。

「ぼくは人が好きなんですよね。ぼくが持っていないところというのをみんなすごくたくさん持ってるし、それはやっぱり人に見せたいと思うんです。本人が気づいてない部分というのをね。こいつのこういうところをぼくは大好きなんだというのを見せたくて、バンドをやってるときも、オレのこういうところよりも、こいつのこういうところが絶対にいいところがあるし……」

ワンマンでバンドを引っ張っていくパターンがあるが、彼らの場合はそうではない。結果的に、それが彼らの危機を救ったともいえる。お互いを、音楽的にも精神的にもカバーしあうことで、めげなかったからである。

「お互いがお互いに入れる範ちゅうを知っている人だと思います」

スターダスト☆レビューのバンドとしての魅力はそこにある。

ライヴ・パフォーマーから、さらに……

バンドとしてのその魅力を武器にして、彼らはライブ&コンサートで、いわば〝足〟で稼いできた。デビューしてこれまでに彼らは都合6回のコンサート・ツアーを行なっている。1回目は10本、2回目は23本、3回目は25本、4回目は33本、5回目は40本、そして6回目、最近のツアーは47本。回を重ねるにつれて確実に本数が増えているということは、それだけコンサートに来る支持者の数が増えているということである。

「ぼくらは基本的にシンパはコンサート・ツアーで、浮動票はイベントで獲得してきました。通常のコンサートは雑誌の連載物と同じだと思うんです。1回、2回と読むうちにその虜になっていく。それに対して、イベントや学園祭はもともと浮動票の集まりですから……。そこに来ている人たちはぼくらのファンとは限らないし、そこで初めてぼくらを知る人たちもいるわけです。イベントの場合はそんなぼくらを知らない人たちをファンにしてしまうことができますね。これは一例なんですが、一昨年かな、熊本で杉山清貴君と野外イベントをやったんです。そうしたら、それまで通常のコンサートでは1000人入るか入らない熊本だったんですが、その後は1800人も入るようになったんです。このように、ぼくらはイベントや学園祭に出て浮動票を集めてきました」

根本がそう言うと、林が補足する。

「いわばイベントで浮動票をかき集め、通常のコンサートでその浮動票を確実に基礎票にしてきた、というわけです」

こうして彼らが全国で集めた基礎票は全国で〝4万人〟を数えている。

バンドのマネジャーと異名を取る林が具体的に説明する。

「前回のツアーは40本やりまして、まあ平均1000人は固いですから単純計算して、ぼくらのシンパは最低4万人はいるわけです。ということはアルバムは4万枚は固いわけです。それに潜在的ファンが2倍いるとしたら、アルバムが10万枚売れてもおかしくはないんですけど……。それがそうはいかないところが難しいところです」

ワン・ツアー40本以上できる〝一流〟バンドで、アルバム・セールスが10万枚を突破していないアーティストは彼らぐらいかもしれない。彼らにとってはそれが〝悩み〟の種だが、それは突きつめて考えると、〝ヒット曲〟がないということになる。

「正直に言って、シングルに関しては、ぼくらは毎回、これは売れるだろうと思って出してるんです。

でも、毎回はずれてしまう」

　根本がそう言えば、三谷も次のように言う。

「アルバムは自分たちのやりたいことをやればいいんだけど、シングルはユーザーがぼくらに何を求めているのかを考えながら作らなければならない。そこが難しいんです」

　今の彼らにとって〝ブレイク〟するために必要なのはシングル・ヒットである。それは彼らだけではなくシンパ全員の願いかもしれない。

「スターダスト☆レビューはあれだけいいコンサートをやっているのだからもっと売れていいはずだ」

——そんな熱い期待感があるうちに、彼らがどんな〝手〟を打つことができるかが今後の鍵である。

　しかし——。

　彼らは決して焦ってはいない。なぜか?

　それはコンサートをやり続けて来て得た確固たる自信があるからだ。

「コンサートを積み重ねてぼくらはここまで来ました。だから、これからも地道にやって行こうと思います。奇をてらってコケたらそれで終わっちゃいますからね。だからぼくらはあくまでも自分たちのスタンスを崩しません。それでここまでやれたんだから、きっとやれるはずだと思っています」

　その自信がある限り、スターダスト☆レビューは〝頂点〟をめざしていつまでもやり続けるに違いない。デビュー7年目にして今彼らは、本当にやれる、というスタンスを得たようだ。機は熟したり!

五十嵐浩晃と天野滋

〝迷いの季節〟を抜け出した2人のアーティスト

〝自分を見る〟ということ

毎日のようにアーティストに会って取材しているが、彼らと別れた後にしみじみ思うことは、彼らは意外に〝自分〟が見えていないということだ。

これは主にデビューして2、3年目にあたる、いわゆる中堅アーティストに多いようだ。彼らはいずれもアルバムを2、3枚作り、さて次にどんなアルバムを作ろうか、ということに例外なく試行錯誤してしまう。

デビュー時にはあふれんばかりの自信に満ちていたアーティストが2年目、3年目になると、早くも迷いの時代に入ってしまう。思ったより売れなかったことが自信を打ち砕くことは目に見えているが、それより根本的な問題点は、彼らは例外なく〝自分〟が見えなくなってしまっているのである。

もっと具体的に言えば、自分が見えていれば今の自分にとって何が欲しいのかわかるが、自分が見えないから、何をしていいのかまったくわからないのである。たとえば、自分がテニスをやりたいと思ったら、ラケットやテニス・ウェアをまずそろえてからテニス・コートを予約するだろう。ところが、自分のやりたいことが見つかっていないと、何をそろえたらいいのかわからない。それと同じことだ。

人はどこへ行きたいのかわからないときに最も遠まわりしてしまうものだが、目標が見えないときほど無駄を生じることはない。その意味で、自分がどこへ行くのかわからないまま、曲を作り、レコードを作り、コンサートをしているアーティストがあまりにも多すぎる。その背景には〝水先案内人〟ともいうべきスタッフがしっかりしていないということもあるが、アーティスト・スタッフが共にどこへ行くのかわからないのに歩いているなんて、こんなバカなことはない。まず行き場所をはっきりと決めることだ。そのためには、自分を客観視して〝自分〟を捜すことだ。今回は——長い年月をかけて〝自分〟を捜し出したふたりのアーティスト、五十嵐浩晃と天野滋を取り上げてみたいと思う。

故郷で見つけ出した自分のスタンス——五十嵐

五十嵐浩晃は10月21日にニュー・アルバム『DISTANCE』をリリースしたが、1986年2月に「オレンジの世界地図」というシングルをリリースして以来、現在までの〝2年8カ月間〟レコードは1枚も出していない。

つまり、音楽的にはこの2年8カ月間は完全に〝ブランク〟だったということだ。

彼は今でこそ忘れられた存在だが、かつては「ペガサスの朝」の大ヒットで、松山千春、長渕剛に続く期待のホープとして大変な人気を誇っていた。今からもう数年前のことになる。

いったい、彼に何が起きたのだろうか？

「今だからこそ、こうやって笑いながら話せるんですけど……」

そう言ってから、彼は衝撃的な告白をした。

「実は昨年の春に音楽を辞めようと思って就職試験を受けたんです。その頃、彼女がいて、結婚を前提として考えたとき、音楽状況はきびしかったから、これではやっていけないって思って……。第2の人生を歩もう、他の仕事に活路を見出そうと思ったんです。で、就職試験を受けた。結果的には落ちましたけどね」

　音楽を辞めたい、と思った彼の真の動機はどこにあったのだろうか？

「伏線はデビューしたときから既にあったんです。一口で言えば自然じゃなかったんです。納得しないで仕事をこなしていたというか、もちろん納得してやった仕事はありましたよ。でも、仕事は60本ある。まずこなさなくちゃならない。その中にはなぜこんなことをしなくちゃいけないのかというのもあるわけです。今なら、それをこなすことは上に登って行くためには必要だってわかりますけど、当時の五十嵐にはそれが理解できなくて、自分の中でバランスを崩してしまったんです。で、自分が何のために音楽をやるのか、何をやりたいのか、まったくわからなくなってしまった。それが高じて精神的にソウウツ症になって、もう嫌だ、と思うようになり〝ガス欠〟を起こしてしまった。その結果、3年前に十二指腸潰瘍になり、肉体、精神ともにガタガタになって、2年前の春に札幌に帰ったんです」

　もう走れない。もう仕事なんかやりたくない。そう思った彼は故郷の札幌に帰る。それから〝敗者〟としての生活が始まる。彼にとっては〝スター〟であった過去があるだけにつらかった。しかし、彼は北海道の自然の中で暮らすうちに、次第に本来の自分を取り戻し始める。

「帰ったばかりの頃は地獄でした。仕事はない。金もない。かといって目標がないから人と会っても話ができない。そんな状態が半年、1年と続き……とうとう2年目の昨年の春に、もう音楽を辞めようと思った。でも、心の片隅の10パーセントぐらいにまだ音楽をやりたいという気持ちがあった。だから、去年の暮までにレコードを出そうという話がなかったら本当に辞めようと決心したんです。そうしたら……」

　どん底に落ち込んだ彼は、そこで初めて開き直ることで、自分というものを客観的に見つめることができたと言う。

「それまでの五十嵐は自分の中でバランスを取るのが下手だと思ったんです。やるときはやる。休むときは休む、ですか。売れる、売れないなんか関係ない。自分がやりたいと思う音楽を素直にやればいいんだって。そう思えるようになったとき、また素直に第一歩を踏み出せるな、と感じたんです」

五十嵐はきっと〝五十嵐浩晃〟というアーティストのイメージを作ることで、〝人間・五十嵐浩晃〟を喪失してしまったのだろう。それを取り戻した今、五十嵐は今度は人間・五十嵐浩晃をアーティストとしても貫くことができるに違いない。

ソロ第1作はNSPのデビュー作のおとしまえです――天野

天野滋は10月21日にソロ・アルバム第1弾『BECAUSE OF YOU』をリリースした。NSPのラストアルバム『アポカリプス』以来、2年3カ月ぶりのレコード・リリースになる。

「NSPって解散したわけ?」

天野滋に、ぼくはいきなり尋ねた。

というのは、86年1月に中村貴之が抜けて、メンバーをふたり補充して、4人組として新生NSPは再スタートした。事務所も独立して自分たちのオフィスを設立した。だから、NSPは活動しているものとばかりぼくは思っていた。NSPが解散した、という正式な発表はもちろんなかった。そんないきさつがあったので、まずは解散の真偽を尋ねたのである。

「よくきかれるんだけど、解散じゃなくて活動停止ですね。中村が抜けて、平賀が抜けて、結局最後はぼくひとりになってしまった。ひとりでNSPっていうのもへんなもんですから。でも、解散じゃなくて活動停止です」

NSPは73年6月に「さよなら」でデビューした。翌74年に「夕暮れ時はさびしそう」がヒットして

〝叙情派フォーク〟のスターとなった。以来、決してハデさはなかったが、しっとりと叙情的な歌を聴かせるグループとして根強い人気を誇っていた。そのNSPに最初の変化が生じたのは86年の1月のことだ。オリジナル・メンバーの中村貴之が脱退したのだ。そして、昨年の4月にオリジナル・メンバーの平賀和人が脱退して天野ひとりになってしまった。

中村が抜けた原因は、その頃、徐々にロック色を強めていったNSPに対して、中村はあくまでアコースティック志向だったことが考えられる。

平賀が抜けた理由は、NSPが打ち込みに走るようになり、音が機械的、無機質になって、ライブで彼自身が楽しめなくなってしまったことが考えられる。

では、天野自身はどう考えていたのだろう。

「デビューアルバムを作ったときから違和感はあったんです。デビュー・アルバムの『NSP ファースト』は変なアルバムというか、未完成のバンドのアルバムだったんです。当時のぼくらは気持ちはロックだったけど、たまたまドラムがいなかったから、フォークみたいになっちゃった。あのアルバムも本来はエレキ・ギターが入るはずのところが楽器がなくて生ギターでやったり。だから、いつかはきちんとした形でやりたいと思ってた。ところが、そう思っているうちに売れたりして……これでいいのかなって思っているうちに気がついたら10年以上も経っていた。そんなあるとき、コンピューターに出会って、これだったら自分の頭の中で描いている音を具体的に表現できると思った。ところが、自分の思った通りのことをやろうとするとメンバーのやることがなくなってしまう。結局、『アポカリプス』はコンピューターを駆使して思い通りに作ったんだけど売れなくて、それで自然消滅です、NSPは。で、この2年間、本当に考えた。ぼくはいったい何をやりたいんだって……。いろいろ試行錯誤した結果、デビュー・アルバムのおとしまえをつけるんじゃないけど、納得いくまでやろうと思って、コンピューターを使ってデジタルでやろうと決心したんです。だから、これがぼくのやりたい音楽ですね」

そう言い切れる天野は、ＮＳＰのデビュー・アルバムのおとしまえをつけることで、初めてＮＳＰになれたのかもしれない。だから「これはＮＳＰのＬＰと思ってもいい」と自信を持って言い切れるのだろう。

五十嵐浩晃と天野滋——彼らはどこへ行きたいのかはっきりとわかっているだけに、自信に満ちた第一歩を踏み出せたようだ。

原田真二

90年代に向かってはばたき始めた〝天才〟

正直言って、8年前の彼の言葉はぼくの中では色あせていた。それはしかたのないことだろう。ここ数年の彼の活動は天下を取れるとはとても思えなかったからだ。にもかかわらず、ぼくの脳裏の中から彼の言葉が消えてしまうことはなかった。それはぼくの潜在下に「真二ならやるかもしれない」というひそかな期待感が眠っていたからかもしれない。いや、デビュー時に原田真二は〝天才〟だとぼくも書いたくちだからだ。11年前にぼくが認めた真二がこのままで終わるはずはない。そう思っているのはぼくだけではないと思うが、ニュー・アルバムはそんな眠っていた意識をめざめさせるほどの好アルバムである。武士に二言はないはずだ。真二には天下を取ってもらおうじゃないか。

70年代——〝超新人〟のジレンマ

「この10年間、いろんなことをやったから、あっという間でしたね。ほんとに早かったって感じです」

原田真二はインタビューの冒頭にそう言った。

彼のレコード・デビューはまさに衝撃的だった。1977年10月発表の「てぃーんず・ぶるーす」を皮切りに11月に「キャンディ」、12月に「シャドー・ボクサー」とたて続けにシングルを放つ異例の〝トリプル・デビュー〟を飾った。しかも、そのすべてがベスト15位以内にランクされるほどの華々しさだった。そして翌78年2月に発表されたファースト・アルバム『フィール・ハッピー』は初登場第1

位という新人の記録を作り、なんと40万枚も売り上げてしまった。彼の人気はこの頃がピークだったといっていい。

「あの頃はデビューすることがもう夢のようでした。でも、売れるんじゃないかなとは思っていました。曲には自信がありましたし、雰囲気がかわいらしかったから。でも、あれほど一気にいくとは思っていませんでした。すごいなと思うより、これは維持していくのが大変だなと思いましたね」

彼自身がびっくりするのも不思議でないくらい、その人気はすさまじかった。郷ひろみ、西城秀樹、野口五郎など当時人気絶頂の〝アイドル〟を完璧に食ってしまっていた。マスコミは、こぞって〝ニュー・ヒーロー〟と彼をたたえた。

しかし、既に彼はこの頃からアーティストとして試行錯誤を始めていた。アイドル歌手なら売れて人気者になればなるほどうれしがるものだが、彼はアーティストとして自分の音楽を純粋に音楽的に評価されたいと思い始めたのだ。

「アイドルとして人気のあるのはうれしかった。でも、ぼくはミーハー的なパワーアップをはかる一方で、音楽的な打ち出し方もそれ以上にしていかなければダメだと思っていました。だってミーハー的なファンっていうのは移り気だということがわかっていましたから、それより早く自分の音楽を本当に支持してくれるファンを作ることが大切だと思いました」

その思いが強くなった結果、作ったのが78年11月に出した「アワーソング」だった。それまで詞は松本隆が書いていたが、「アワーソング」の詞は彼が初めて書いた。松本隆とのズレを感じたからだ。

「はっきり言って、『アワーソング』はぼくのメッセージでした。音楽を通してハッピーになることの素晴らしさを主張しました。ところが、売れませんでした」

「アワーソング」は彼にとって〝アーティストとしての切り札〟だった。だが、それはトリプル・デビューでついたミーハーの心には突き刺さらなかった。つまり、性急に変わりすぎたからだ。それからはシングルは出すたびに売れなくなり、79年4月に1年2カ月ぶりに発売されたセカンド・アルバム『ナチュラル・ハイ』は10万枚を切るほどだった。わずか1年余りで40万枚から10万枚の落ち込み方は異常だった。

80年代――明確なビジョンへ向かって

しかしながら、レコード・セールスが落ちたからといって、彼がアイドルに戻ることはなかった。戻るどころか、アーティストで行くという方向性をより明確に打ち出し始める。

その宣言が80年5月1日に〝クライシス〟という自分の事務所を設立し、フォーライフからポリドールに移籍したことだった。そのときのインタビューで、彼はぼくに向かって自信を持って断言したものだ。

「原田真二&クライシス」とバンドにしたのは、音楽をやっているんだという意識をより強く出すためです。今、全盛期のときのファンの3分の2はいませんが、2～3年後をみていろという気持ちです。ぼくは必ず天下を取れると思っていますから」

80年11日にリリースされた『HUMAN CRISIS』は、〝原田真二&クライシス〟というバンド・サウンドを全面に打ち出したアルバムだった。

「今考えると、このアルバムはセールスを完全に無視していました。正直言って、ぼくって歌謡曲畑からもロック畑からも両方の反発を受ける立場だったでしょう。歌謡曲畑からはお前は歌謡曲じゃなくてロックだと言われ、逆にロック畑からはロックじゃなくて歌謡曲だって言われた。特にロック畑からお前は歌謡曲だって言われたときは悔しくて……。だからこそ、アレンジ的にも自分たちでトライして、思い切り自分たちのやりたいようにやりましたね。『HUMAN CRISIS』というアルバムは」

それ以降、彼はバンドにのめり込み、結果的にマニアックな世界に突き進んで行く。当然ながら、ファンは離れ、気がついたらいつの間にか袋小路に迷い込んでいた。

その迷いを打破するために、彼は82年の1年間を〝休養期間〟にし、渡米してロサンゼルスに滞在して充電する。

「とにかく活動を停止したかったんです。それと音楽と離れた所にいてリラックスした雰囲気の中で、頭の隅に隠れているものを捜し出そうと思ったんです」

彼はロスにアパートを借り、日本から楽器、録音機材などを送り込んで気が向くままに曲を作った。むろん、本場の音楽に触れたことはいうまでもない。そんな中で彼が得た結論は――。

「それまで欧米にばかり目がむいていたんですが、むこうで生活してみて初めて自分の中にあるオリエンタルなものに目覚めました。また音楽は〝歌〟しかないなとも思いました」

この結論は一朝一夕にして得られたものでは決してない。彼が人間として何かを感じたからこそアーティストとしての面が触発されたのだ。

「日本にいるときは日本人の義理・人情のしがらみの世界なんか嫌いだった。欧米のドライ感覚に憧れていました。ところが、実際にむこうに行くと、たとえば家主とのトラブル……むこうでは口約束なんかまるで通じないんです。そんなドライさだけでもダメなんだと思ったとき、日本の良さも改めて理解できるようになりました」

ロス生活で彼はいろいろなことを得ると同時に、自分が本当にやりたいことは何かを見つけ出し、それを達成するためにはどうしたらいいのか、ということもはっきりと認識した。

帰国してからの彼は、それを実践し始めた。83年4月にフォーライフに再び移籍して、同年7月に

『Save Our Soul』、84年4月に『Modern Vision』、85年11月に『Magical Healing』、86年10月に『Doing Wonders』と精力的にアルバムを発表した。

「ロスに行く前と後では意識がガラリと変わりました。行く前はとにかく心のむくままにやっていたけど、帰って来てからはバンドのメンバーにこういうのをやりたいんだとビジョンをきっちりと説明するようになった。たとえば、オリエンタルなものをやりたいのでここでミニ琴を使いたいとか、演劇的なことをしたいのでアクトを入れたいとか……そんなふうにして、アクト・ダンスなどを要求した。すると、そんなのやりたくないっていうのもいて、だからメンバー・チェンジはよくしましたね」

彼はやりたいことがわかっていたので、たとえメンバーが辞めても動じなかった。辞めたら、自分的ビジョンに合ったミュージシャンを捜してくればいい、そんなふうに考えられるほどたくましくなっていた。またコンピューターも取り入れるようになった。

「ダンサブルな志向が強くなるにつれて、コンピューターを駆使するようになりました。自分の追求したい音をどう出したらいいかと考えていたときに、自然とコンピューターと出会ったんです。コンピューターを使うようになって、音的には頭の中にある理想の音が今まで以上に作れるようになりましたね」

そして90年代へ

今年の7月、彼はフォーライフからNECアベニューに移籍した。そして、10月21日にシングル「You are my Energy」、11月21日にアルバム『Urban game』をリリースした。

「ニュー・アルバムはここ3、4作のまとめ的な意味合いを持っています。いろいろやってきて、たどりついたというか、今自分がやろうとしているものはすべて出ていると思います」

そう語る彼の表情は自信に満ちていた。別れ際に言った言葉が印象的だった。

「自信作だけにフォーライフ時代に出した『Modern Vision』『Magic Healing』などは陽の目を見ていないのが心残りですね。だから、これからは自信作は必ず陽の目を見せるようにしたいと思います。幸い、事務所も新体制で新しいことができるようになったし、レコード会社も移籍して心機一転だし……これから見ていて下さい。きっと原田真二は面白いですよ」

彼の話を聴きながら、ぼくの脳裏には8年前の彼の言葉「ぼくは必ず天下を取れると思っていますから……」が甦ってきた。

著者……富澤 一誠（とみさわ・いっせい）

音楽評論家。1951年、長野県須坂市生まれ。70年東京大学文科Ⅲ類に入学。71年、在学中に音楽専門誌「新譜ジャーナル」への投稿を機に音楽評論活動を開始し、Jポップ専門の評論家として52年のキャリアを持つ。日本レコード大賞審査員や日本作詩大賞審査委員長など要職を歴任。現在は尚美学園大学副学長、尚美ミュージックカレッジ専門学校客員教授も務める。『「こころの旅」を歌いながら～音楽と深層心理学のめぐりあい』（2021年、共著：きたやまおさむ）を始めとして著書多数。2021年7月、活動50周年を記念したCDブック「富澤一誠 私の青春四小節～音楽を熱く語る！」を発売。また、ラジオ・パーソナリティー&テレビ・コメンテーターとしても活躍中。

尚美学園大学メディアセンター内に「富澤一誠Jポップ・ライブラリー」が新設。「昭和ニューミュージック」の音楽文献が50年間分保管、陳列されている世界に類を見ない音楽資料館である。

【オフィシャルサイト】http://tomisawaissei.blog72.fc2.com/　@oregaiu 俺が言う By 富澤一誠

DTP組版…………勝澤節子
装丁…………佐々木正見
協力…………田中はるか

本書は、「新譜ジャーナル」連載「富澤一誠のあいつの生きざま」(1981年8月号～1989年2月号)を再構成したものです。

「昭和ニューミュージック」の1980年代
あの人はその頃、どう生きていたのか

発行日❖2023年12月31日　初版第1刷

著者
富澤一誠

発行者
杉山尚次

発行所
株式会社言視舎
東京都千代田区富士見2-2-2 〒102-0071
電話03-3234-5997　FAX 03-3234-5957
https://www.s-pn.jp/

印刷・製本
モリモト印刷㈱

ISBN978-4-86565-258-1 C0073

言視舎刊行の関連書

978-4-86565-203-1

「こころの旅」を歌いながら
音楽と深層心理学のめぐりあい

いまだからこそ「こころの旅」を。作詞家・深層心理学者きたやまおさむと日本を代表する音楽評論家富澤が、知的刺激に満ちた音楽文化論、人生論を展開。きたやま作品の再検討、時代性、旅の思想、生きることの意味や死を語る。

きたやまおさむ・富澤一誠　著

四六判並製　定価1600円＋税

978-4-86565-180-5

音楽でメシが食えるか？
富澤一誠の根源的「音楽マーケティング論」

音楽業界の危機の本質は日本のポピュラー音楽の歴史を総括しなければみえてこない。音楽界全体を熟知する音楽評論家が「売れなくなった」原因を多角的に分析し、ピンチをチャンスに変えていく方策を提案する。

富澤一誠／辻堂真理著

四六判並製　定価1500円＋税

978-4-86565-115-7

あの頃、この歌、甦る最強伝説
歌謡曲vsフォーク&ニューミュージック「昭和」の激闘

破壊と創造の60年代、新しい社会への過渡期70年代、バブルの80年代と昭和の終わりまで、「時代と歌」の密接な関係をこまかく解説。フォーク／ニューミュージックＶＳ歌謡曲という著者ならではの視点から歌の流れを再構成。

富澤一誠著

Ａ５判並製　定価1700円＋税

978-4-905369-90-5

「大人の歌謡曲」公式ガイドブック
Age Free Musicの楽しみ方

聴けばもっと知りたくなる、読めば必ず聴きたくなる。心の深部にふれる全90曲を完全解説。「Age Free Music」を提唱する著者が「大人の歌謡曲」がなぜヒットするのか、著者だけが知るメイキング話など様々な角度から解き明かす。

富澤一誠著

Ａ５判並製　定価1800円＋税

978-4-86565-248-2

最強の井上陽水
陽水伝説と富澤一誠

無名時代の陽水に注目した音楽評論家・富澤一誠と陽水はなぜ袂を分かち、富澤は『俺の井上陽水』を封印したのか?　デビュー以前からの陽水、70～80年代「フォーク」「ニューミュージック」「シティポップス」の舞台裏に迫る。

辻堂真理著

四六判並製　定価2000円＋税